职业教育课程改革创新示范精品教材

现代汽车电子装置结构原理与维修

主　编　金春玉　隋明轩　宋信云
副主编　史淑英　王立军　武　彤
主　审　吴兴敏

北京理工大学出版社
BEIJING INSTITUTE OF TECHNOLOGY PRESS

内容提要

本书以"基于工作过程"课程开发为指导，邀请行业、企业专家对汽车检测专业所涵盖的岗位群进行工作任务和职业能力分析，并以此为依据确定本书的工作任务和内容。本书以项目教学为主线，介绍了汽车电子装置结构原理与维修的基本方法，涉及汽油机汽车的燃油系统、空气供给系统、点火系统、底盘系统及辅助系统的典型部件。本书力求实用、够用，突出工学结合、多岗适应。

本书可作为中等职业学校汽车运用与维修专业教材，也可作为汽车维修从业人员的参考用书。

版权专有　侵权必究

图书在版编目（CIP）数据

现代汽车电子装置结构原理与维修／金春玉，隋明轩，宋信云主编.—北京：北京理工大学出版社，2014.12

ISBN 978-7-5640-9951-0

Ⅰ.①现… Ⅱ.①金… ②隋… ③宋… Ⅲ.①汽车－电子设备－结构－中等专业学校－教材 ②汽车－电子设备－车辆修理－中等专业学校－教材 Ⅳ.①U472.41

中国版本图书馆CIP数据核字（2014）第269114号

出版发行／北京理工大学出版社有限责任公司

社　　址／北京市海淀区中关村南大街5号

邮　　编／100081

电　　话／(010)68914775(总编室)
　　　　　82562903(教材售后服务热线)
　　　　　68948351(其他图书服务热线)

网　　址／http://www.bitpress.com.cn

经　　销／全国各地新华书店

印　　刷／北京通县华龙印刷厂

开　　本／787毫米×1092毫米　1/16

印　　张／12

字　　数／270千字

版　　次／2014年12月第1版　2014年12月第1次印刷

定　　价／27.00元

责任编辑／张荣君
文案编辑／王晓莉
责任校对／周瑞红
责任印制／边心超

图书出现印装质量问题，请拨打售后服务热线，本社负责调换

编写说明

近20年来，我国汽车工业迅猛发展，已成为国家的支柱产业。轿车逐步进入普通家庭，成为人们日常工作和生活中不可缺少的工具。2013年我国汽车年产销量双双突破2100万辆，这使我国连续5年成为全球最大的车市。在这种形势下，我国汽车运用、检测与维修、销售等行业人才需求量将日益增长，越来越多的人迫切地需要去了解汽车、学习汽车技术。这给汽车行业带来了极大的机遇和挑战，同时也对汽车行业的相关从业人员提出了更高、更新的要求。

为了适应企业和市场对汽车行业技能型、服务型人才的需求，满足汽车行业从业人员和汽车技术爱好者的需要，北京理工大学出版社特邀一批知名行业专家、学者以及一线教学名师，联合社内优秀编辑组成专门的编写工作组，精心规划出版了本套"职业教育课程改革创新示范精品教材"。

目前，专业课程教学模式与教学方法的改革是职业教育教学改革的重点之一。"以项目为引导，以任务为驱动"的教学方式对学生综合能力的培养和提高起着十分重要的作用。本系列教材以"中等职业学校汽车运用与维修专业领域技能型紧缺人才培养培训指导方案"为依据，结合中职教育的特点和企业实际工作岗位的真实情况，根据现阶段学习情境化的要求，以培养学生熟练掌握汽车行业相关岗位所具备的基础知识和基本技能为目标，采用项目教学、任务驱动、基于工作过程和学做一体化模式进行编写。

在编写之际，本系列教材编写工作组广泛考察了中职学生的学习实际，本着"实用、适用、先进"的编写原则和"通俗、精练、可操作"的编写风格，以求着力培养能直接从事实际工作、解决具体问题、维持有序工作的应用型人才。在具体编写时力求贯彻以下原则：

（1）工学结合、任务驱动的原则。以就业为导向，培养学生的实际运用能力，以达到学以致用的目的。通过对汽车行业相关工作岗位的分析，梳理出岗位核心能力，以职业岗位的典型工作任务为驱动，设计理实一体化的学习任务。

（2）以工作过程系统化、培养综合职业能力为目标的原则。通过典型案例（任务）导入，设计融入职业基本能力、社会能力、专业能力于一体的系统化学习性工作任务，使学生在真实的工作场景中获得解决综合性专业问题的能力，并形成相应的思维方式。同时，以科学性、实用性、通用性为原则，使教材符合汽车类课程体系设置。

（3）以学生为主体、教师为引导，符合职业实际的原则。以提高学生综合素质为基础，充分考虑对学生个人能力的提高；在理实一体化的场景中，强调"学中教""做中学"，体现以学生为主体、教师为引导的理念。

（4）以内容为核心，注重形式的灵活性原则。本系列教材配有大量的插图、表格和大量的图片资料，介绍了大量的经典案例，大大提升了教材的趣味性和实用性，可以帮助学生更好地理解和掌握相关知识。

总体而言，本系列教材在内容上强调面向应用，"以项目为引导，以任务为驱动"，精选案例，严把质量关；在风格上力求文字简练、脉络清晰、图表明快、版式新颖；在理论阐释上，遵循"必需""够用"的原则，在保证知识体系相对完整的同时，确保知识讲解详细、生动、易懂。

本系列教材既可作为中等职业院校汽车类相关专业的课程教学用书，也可作为相关行业从业人员的培训和参考用书。

前　言

随着汽车技术和电子技术的迅速发展，电子技术在汽车上得到了广泛的应用，从发动机的燃油喷射、点火装置、怠速装置、进气控制、排气控制、排放控制、故障诊断到底盘的传动系、行驶系、转向系、制动系和车身及辅助装置普遍采用了电子控制系统，机电一体化已经成为现代汽车生产和维修的显著特点。

汽车职业教育想要跟上汽车机电一体化发展趋势的步伐，就必须在教材上进行大范围的改革。为了帮助汽车专业的师生迅速掌握汽车机电一体化的知识内容，以适应汽车技术发展的需要，辽宁省汽车服务职业教育集团组织沈阳市汽车工程学校、沈阳公用事业学校、本溪交通技术学校、鞍山交通运输学校等中职学校及辽宁省交通高等专科学校等高职院校的有教学和实践经验的教师及专家，共同编写了《现代汽车电子装置结构原理与维修》一书。本书在编写过程中，充分考虑到中等职业院校学生的知识水平和接受能力，注重教材中汽车专业知识上的特定要求，力争使教材涉及的内容"实用、够用、有用"。做到理论联系实际，符合现代汽车工作岗位对人才的培养需求。

本书内容新颖、图文并茂、实用性强，适合中等职业院校师生、汽车维修行业人员学习阅读。

本书由沈阳市汽车工程学校金春玉、隋明轩和沈阳公用事业学校宋信云任主编，本溪交通技术学校史淑英、鞍山交通运用学校王立军和大连交通技术学院武彤任副主编，参加本书编写的人员还有毕言兴、李方丞、刘杨、马越、蒋红、徐杨等，由辽宁省交通高等专科学校吴兴敏主审。

由于编者水平有限，疏漏之处在所难免，竭诚欢迎读者批评指正。

编　者
2014年6月

前言

目录 Contents

项目一　发动机电子装置的结构原理与检修 …………………………………………… 1

 任务一　空气流量传感器的检修 ……………………………………………………… 1

 任务二　进气温度传感器的结构原理与检修 ………………………………………… 20

 任务三　节气门位置传感器的结构原理与检修 ……………………………………… 27

 任务四　怠速控制阀的结构原理与检修 ……………………………………………… 38

 任务五　喷油器的结构原理与检修 …………………………………………………… 50

 任务六　冷却液温度传感器的结构原理与检修 ……………………………………… 64

 任务七　点火控制器的结构原理与检修 ……………………………………………… 73

 任务八　爆震传感器的结构原理与检修 ……………………………………………… 82

 任务九　曲轴位置传感器的结构原理与检修 ………………………………………… 92

 任务十　凸轮轴位置传感器的结构原理与检修 ……………………………………… 101

 任务十一　氧传感器的结构原理与检修 ……………………………………………… 111

 任务十二　机油正时控制阀的结构原理与检修 ……………………………………… 126

 任务十三　清污电磁阀的结构原理与检修 …………………………………………… 136

项目二　汽车底盘电子装置的结构原理与检修 ………………………………………… 147

 任务一　换挡电磁控制阀的结构原理与检修 ………………………………………… 147

 任务二　转向角度传感器的结构原理与检修 ………………………………………… 158

 任务三　车轮速度传感器的结构原理与检修 ………………………………………… 167

 任务四　车身高度传感器的结构原理与检修 ………………………………………… 172

参考文献 ……………………………………………………………………………………… 179

项目一　发动机电子装置的结构原理与检修

任务一　空气流量传感器的检修

学习目标

1. 正确描述空气流量传感器的作用、结构及工作原理。
2. 正确使用检测仪器，对空气流量传感器进行检修。
3. 注意培养环保、安全意识及团队协合能力。

任务引入

一辆丰田轿车，打开仪表盘点火开关至启动挡，启动后起动机持续声响，发动机怠速运转不稳，故障指示灯亮。路试发现伴有加速无力现象。

此故障现象说明汽车发动机在怠速及大负荷状态下无法正常运行，这样会导致怠速运转不稳和加速无力现象产生，怠速及大负荷的控制核心是对空气量的控制，此故障应从发动机空气供给系统的相关部件入手查找，这类故障大多为空气流量传感器故障，所以我们先学习空气流量传感器的相关知识。

相关知识

一、空气流量传感器的作用

热丝式与热膜式空气流量传感器都是直接检测发动机吸入空气的质量和流量的传感器。两种传感器的检测原理完全相同，热丝式空气流量传感器的检测元件是铂金属丝，热膜式空气流量传感器的检测元件是铂金属膜。铂金属检测元件的响应速度很快，能在几毫秒内反映出空气流量的变化，因此测量精度不受进气气流脉动的影响（气流脉动在发动机大负荷、低转速运转时最为明显）。此外，还具有进气阻力小、无磨损部件等优点。目前大多数中高档轿车都采用了这种传感器，如通用别克、尼桑千里马、尼桑风度、沃尔沃等轿车采用了热丝式空气流量传感器；马自达626、捷达都市先锋、新捷达王、捷达前卫、红旗

CA7220E、桑塔纳 2000GSi、桑塔纳 3000 等轿车都采用了热膜式空气流量传感器。

二、空气流量传感器的分类和结构原理

空气流量传感器一般分为翼片式空气流量传感器、热线式空气流量传感器、热膜式空气流量传感器和涡流式空气流量传感器。

1. 翼片式空气流量传感器

翼片式空气流量传感器 AFS 又称为叶片式 AFS，是一种利用力矩平衡原理而开发研制的流量传感器。该型传感器具有结构简单、价格便宜、可靠性较高等优点，丰田皇冠 2.8（5M－E 发动机）、佳美、子弹头、马自达多用途汽车燃油喷射系统都采用了翼片式空气流量传感器。

（1）传感器

翼片式空气流量传感器的结构如图 1-1 所示，主要由检测部件、电位计、调整部件、接线插座和进气温度传感器五部分组成。

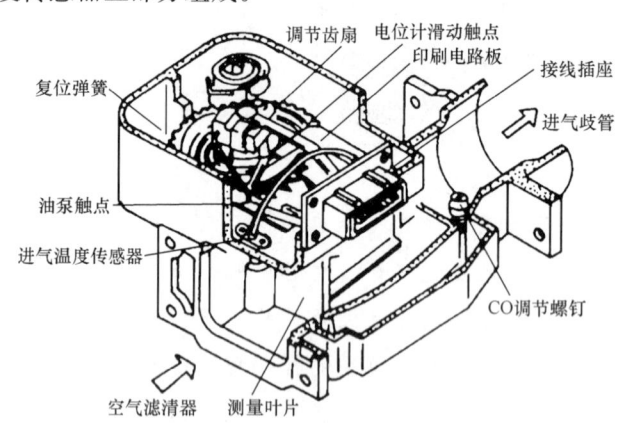

图 1-1 翼片式空气流量传感器的结构

（2）检测部件

检测部件的结构如图 1-2 所示，由测量叶片和缓冲叶片组成。叶片又称为翼片，用热模浇铸成一体，铝质翼片总成固定在电位计转轴上。测量翼片在主进气道内随空气流量的变化而偏转，缓冲翼片在缓冲室内偏转。缓冲室起到阻尼作用，发动机吸入空气量的急剧变化使翼片转动平稳，翼片脉动减小。转轴安装

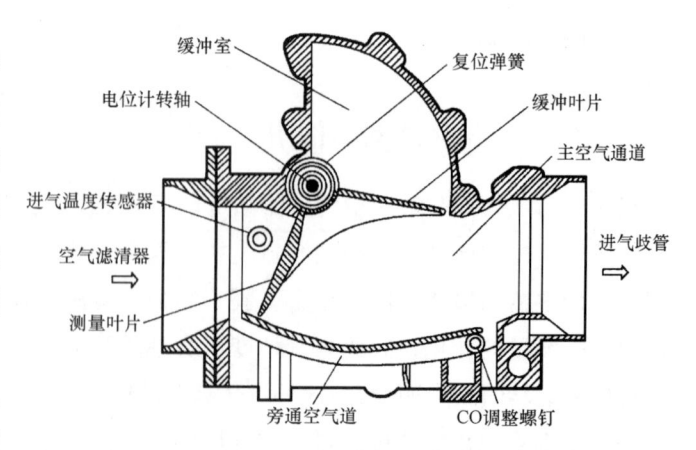

图 1-2 翼片式空气流量传感器检测部件的结构

在传感器壳体上。在电位计一端的转轴上装有片状螺旋形复位弹簧，其功用是使测量翼片复位并平衡空气对测量翼片的推力。当弹力与推力平衡时，翼片便处于平衡位置。

（3）电位计与调整部件

电位计安装在传感器壳体上部，由带平衡配重的滑臂和印刷电路板上的镀膜电阻组成。滑臂中心固定在转轴上，并随转轴一起转动。当翼片带动转轴转动时，滑臂便在镀膜电阻上滑动。配重起到平衡作用，使滑臂平稳偏摆。电位计内设有调整齿扇和片状螺旋形复位弹簧。弹簧形状与时钟弹簧相同，一端固定在转轴上，另一端固定在调整齿扇上，齿扇上制有刻度标记，并用卡簧定位。改变齿扇的定位位置，即可调整复位弹簧的预紧力，从而调整传感器的输出特性。

在主空气通道下方设有旁通进气道，旁通进气道上设有改变旁通进气量的 CO（一氧化碳）调整螺钉，用来调节发动机怠速时一氧化碳排放量。当发动机怠速时，一氧化碳含量过高，说明混合气过浓，通过调节 CO 调整螺钉使旁通进气量增多，混合气变稀，即可降低 CO 的排放量。

（4）连接电路与接线插座

印刷电路上的厚膜电阻采用真空淀积工艺制作在陶瓷基片上，原理电路及其连接如图 1-3 所示，可变电阻上的滑臂与接线插座上的信号输出端子"V_s"连接。

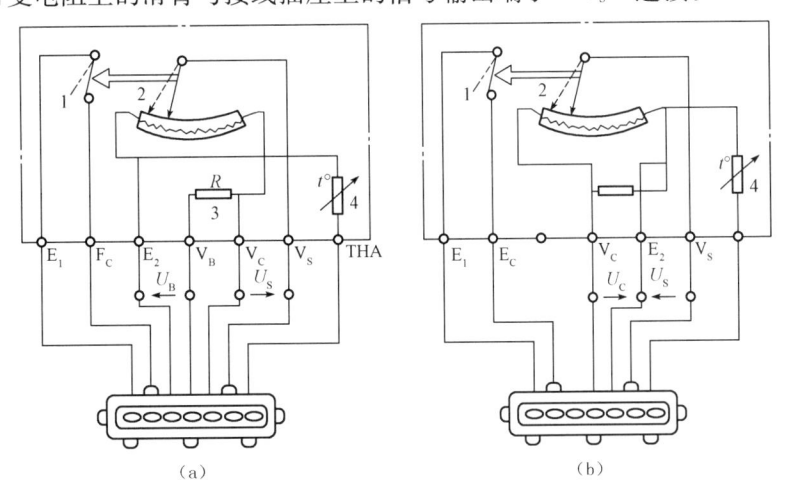

图 1-3 翼片式空气流量传感器原理电路及其连接

(a) 有限流电阻 R；(b) 无限流电阻 R

1—油泵触点；2—电位计；3—限流电阻；4—进气温度传感器

翼片式空气流量传感器的内部电路有两种，一种是在电路中设有限流电阻 R，如图 1-3（a）所示，电源电压 $U_B=12$ V，一般用于模拟控制系统；另一种是电路中没有设置限流电阻 R，如图 1-3（b）所示，电压 $U_C=5$ V，一般用于数字计算机控制系统。接线插座一般都为七端子插座，分别与传感器内部的电位计、进气温度传感器和油泵触点连接。端子代号标示在插座护套的相应位置上。电动燃油泵电路控制触点简称为油泵触点，受检测部件控制。当发动机运转、翼片稍微偏转后，油泵触点就会闭合，燃油泵电路接通泵油。当发动机熄火后，翼片关闭，油泵触点被配重上的触臂顶开，油泵电路切断而停止转动，此时即使点火处于开关接通位置，油泵也不会运转。这样，在汽车发生翻车、撞车等事故导致油管破裂而点火开关又来不及断开的情况下，可以防止油泵继续泵油导致燃油外溢而发生火灾。

（5）进气温度传感器

进气温度传感器由负温度系数型热敏电阻套装在塑料壳体内构成，安装在主进气道的进气口上，电阻两端的引线分别与接线插座上的搭铁端子"E2"和温度信号输出端子"THA"连接。

（6）传感器的工作原理

翼片式空气流量传感器的工作原理如图1-4所示。当吸入发动机的空气流过传感器主进气道时，传感器翼片就会受到空气气流压力产生的推力力矩和复位弹簧弹力力矩的作用。

当空气流量增大时，气流压力对翼片产生的推力力矩增大，推力力矩克服弹力力矩使翼片偏转角度 α 增大，直到推力力矩与弹力力矩平衡为止。进气量越大，翼片偏转角度 α 也就越大。因为翼片总成和电位计的滑臂均固定在转轴上，所以在翼片偏转的同时，滑臂也随之偏转。当空气流量增大时，端子"V_C"与"V_S"之间的电阻减小，两端子之间输出的信号电压 U_S 降低。

当空气流量减小时，气流压力对翼片产生的推力力矩减小，推力力矩克服弹力力矩使翼片偏转的角度 α 减小，端子"V_C"与"V_S"之间的电阻值增大，两端子之间输出的信号电压 U_S 升高。传感器的输出特性如图1-5所示。

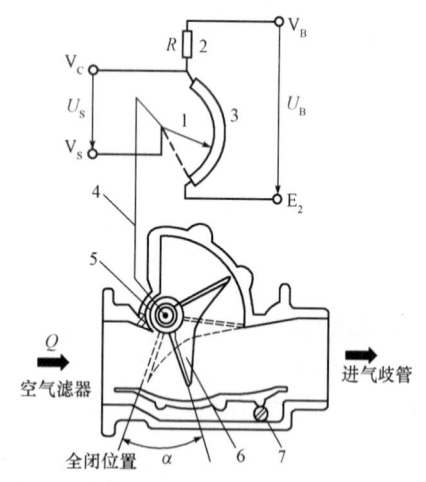

图1-4 翼片式空气流量传感器的工作原理

1—滑动触点臂；2—限流电阻；3—镀膜电阻；
4—转轴；5—复位弹簧；6—翼片；7—CO调整螺钉

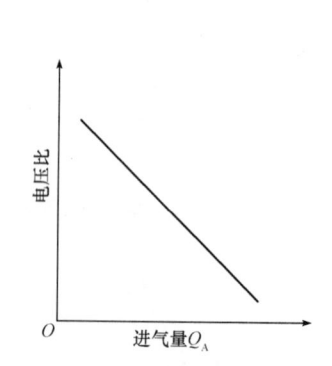

图1-5 翼片式空气流量传感器的输出特性

众所周知，空气的质量与其温度和大气压力有关。温度越低或大气压力越高，空气密度越大，空气质量就越大；反之，温度越高或大气压力越低，空气质量就越小。翼片式流量传感器检测的是进气气流的体积流量，当进气温度或大气压力发生变化时，相同体积的空气质量就会发生变化。为了避免环境温度和大气压力变化给流量检测带来误差，在采用体积流量传感器的控制系统中都配装有进气温度传感器和大气压力传感器，以便电控单元对进气量进行修正。进气温度传感器一般都与空气流量传感器制作成一体，大气压力传感器一般都安装在电控单元内部。

2. 热丝式空气流量传感器和热膜式空气流量传感器

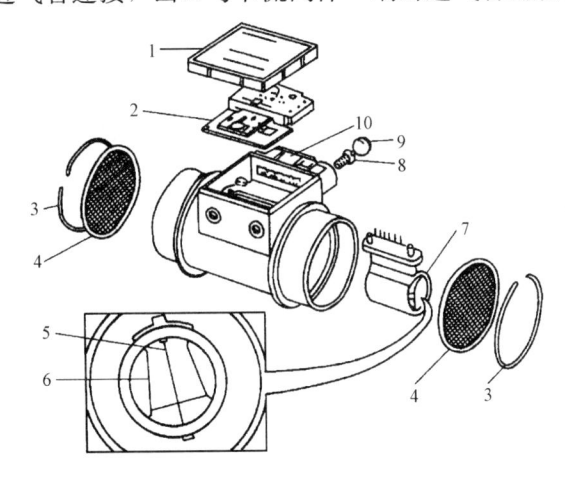

（1）热丝式空气流量传感器

热丝式空气流量传感器的结构如图1-6所示，传感器壳体两端设置有与进气道相连接的圆形连接接头，空气入口和出口都设有防止传感器受到机械损伤的防护网。传感器入口与空气滤清器一端的进气管连接，出口与节流阀体一端的进气管连接。

图1-6　热丝式空气流量传感器的结构

1—传感器密封盖；2—印刷控制电路板；3—卡环；4—防护网；5—温度补偿电阻丝（冷却）；
6—铂金丝（热丝）；7—取样管；8—CO调节螺钉；9—防护塞；10—接线插座

传感器内部套装有一个取样管，取样管中设有一根直径很小（约70 μm）的铂金属丝作为发热元件，因此称之为热丝，并制作成"Π"形张紧在取样管内。因为进气温度变化会使热丝的温度发生变化而影响进气量的测量精度，所以在热丝附近的气流上游设有一只温度补偿电阻。该温度补偿电阻相当于一只进气温度传感器，其电阻值随进气温度的变化而变化。当进气温度降低（或升高）使发热元件的阻值减小（或增大）时，温度补偿电阻的阻值也会减小（或增大）。这样温度补偿电阻的温度起到一个参考基准的作用，控制电路提供的电流将使温度补偿电阻的温度始终低于发热元件的温度120℃，使进气温度的变化不至于影响发热元件（热丝）测量进气量的精度。

早期制作的流量传感器采用铂金属丝制作温度补偿电阻，该电阻丝靠近进气口一侧，称之为冷丝。由于电阻丝在使用中容易折断而导致传感器报废，因此目前普遍采用在氧化铝陶瓷基片上印刷制作铂膜电阻的方法来制作温度补偿电阻。

(2) 热膜式空气流量传感器

热膜式空气流量传感器是热丝式传感器的改进产品，其发热元件采用平面形铂金属薄膜（厚约 200 μm）电阻器，故称为热膜电阻。热膜电阻的制作方法是：首先在氧化铝陶瓷基片上采用蒸发工艺淀积铂金属薄膜，然后通过光刻工艺制作成梳状图形电阻，将电阻值调节到设计要求的阻值后，在其表面覆盖一层绝缘保护膜，再引出电极引线。捷达 AT、捷达 GTX、桑塔纳 2000GSi、桑塔纳 3000 型轿车采用的热膜式空气流量传感器的结构如图 1-7 所示。

在传感器内部的进气通道上设有一个矩形护套（相当于取样管），热膜电阻设在护套内。为了防止污物沉积到热膜电阻上影响测量精度，在护套的空气入口一侧设有空气过滤层，用以过滤空气中的污物。为了防止进气温度变化使测量精度受到影响，在热膜电阻附近的气流上游设有铂金属膜式温度补偿电阻，如图 1-8 所示。温度补偿电阻、热膜电阻与传感器内部控制电路连接，控制电路与线束连接器插座连接，线束插座设在传感器壳体中部。

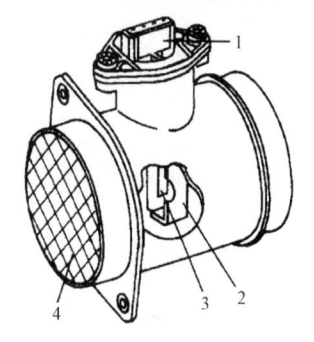

图 1-7　热膜式 AFS 的结构

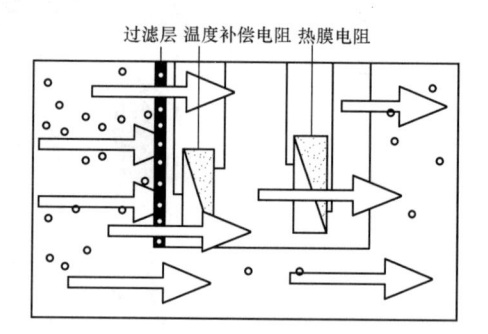

1—接线插座；2—护套；3—铂金属膜；4—防护网

图 1-8　热膜式 AFS 内部元件

热膜式流量传感器与热丝式流量传感器相比，因为热膜电阻的阻值较大，所以消耗电流较小，使用寿命较长。但是，由于其发热元件表面制作有一层绝缘保护膜，存在辐射热传导作用，因此响应特性略低于热丝式流量传感器。

(3) 热丝式空气流量传感器和热膜式空气流量传感器的工作原理

利用热丝或热膜作为发热元件的空气流量传感器，其测量原理完全相同，并与日常生活中使用的电吹风机的工作原理相似。为了叙述方便，下面将热丝与热膜统称为发热元件。理论和实验证明：在强制气流的冷却作用下，发热元件在单位时间内的散热量和发热元件的温度、气流温度之差成正比。因此在热丝式与热膜式流量传感器中，采用了图 1-9 所示的恒温差控制电路来实现流量检测。

在恒温差控制电路中，发热元件电阻 R_H 和温度补偿电阻（进气温度传感器）R_T 分别连接在惠斯登电桥电路的两个臂上。当发热元件的温度高于进气温度时，电桥电压才能达到平衡。加热电流（50～120 mA）由具有电流放大作用的控制电路 A 进行控制，其目的是使发热元件的温度 T_H 与温度补偿电阻的温度 T_T 之差保持恒定，即 $\Delta T = T_H - T_T = 120℃$。

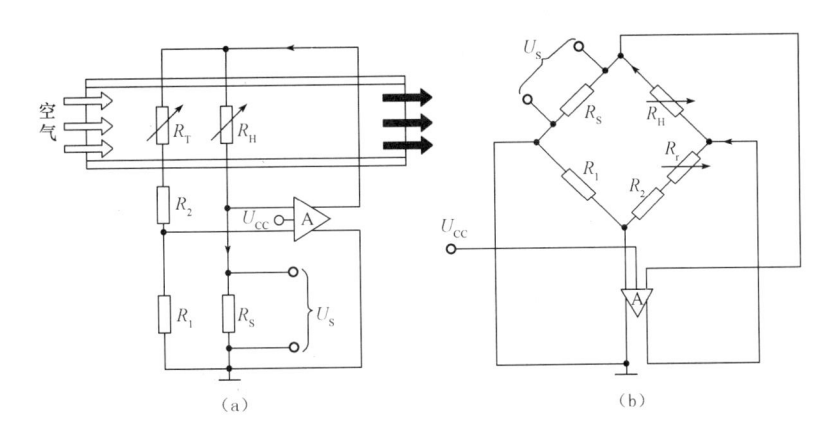

图 1-9　热丝式与热膜式流量传感器的原理电路

(a) 电路连接；(b) 电桥电路

R_T—温度补偿电阻；R_H—发热元件（热丝或热膜）电阻；R_S—信号取样电阻；
R_1、R_2—精密电阻；U_{CC}—电源电压；U_S—信号电压；A—控制电路

当空气气流流经发热元件使其受到冷却时，发热元件温度降低，阻值减小，电桥电压失去平衡，控制电路将增大供给发热元件的电流，使其温度高于温度补偿电阻120℃。电流增量的大小，取决于发热元件受到冷却的程度，即取决于流过传感器的空气量。

当电桥电流增大时，取样电阻 R_S 上的电压就会升高，从而将空气流量的变化转换为电压信号 U_S 的变化。输出电压与空气流量之间近似于4次方根的关系，特性曲线如图1-10所示。信号电压输入ECU后，ECU便可根据信号电压的高低计算出空气质量流量 Q_M 的大小。

当发动机怠速或当空气为热空气（如夏季行车）时，因为怠速时节气门全闭或接近全闭，所以空气量很小；又因空气温度越高，空气密度越小，所以在体积相同的情况下，热空气的质量小，因此，发热元件受到冷却的程度小，阻值减小幅度小，保持电桥平衡需要的加热电流小，如图1-11（a）所示，故取样电阻上的信号电压低。电控单元ECU根据信号电压即可计算出空气量，捷达AT、捷达GTX型轿车怠速时的空气流量标准值为2.0～5.0 g/s。

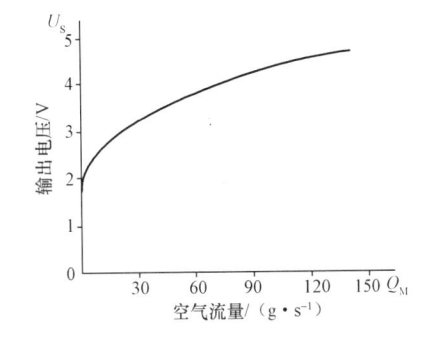

图 1-10　热丝式与热膜式 AFS 输出特性曲线

当发动机负荷增大或空气为冷空气时，节气门开度增大，空气流速加快，空气流量增大；而冷空气密度大，在体积相同的情况下冷空气质量大，所以发热元件受到冷却的程度增大，阻值减小幅度大，保持电桥平衡需要的加热电流增大，如图1-11（b）所示，因此当发动机负荷增大时，信号电压升高。

热丝式空气流量传感器在使用一段时间后，热丝表面受空气尘埃玷污，其热辐射能力降低，影响了传感器的测量精度，因此控制电路中设计有"自洁电路"，来实现自洁功能。

每当ECU接收到发动机熄火的信号时，ECU将控制自洁电路接通，将热丝加热到1 000℃并持续1 s左右，使黏附在热丝上的尘埃烧掉。另一种防止热丝玷污的方法是提高热丝的保持温度，一般将保持温度设定在200℃以上，以便烧掉黏附的污物。热膜式传感器铂金属膜的面积比热丝的表面积大得多，且覆盖有一层绝缘保护膜，因此不会因玷污污物而影响测量精度。

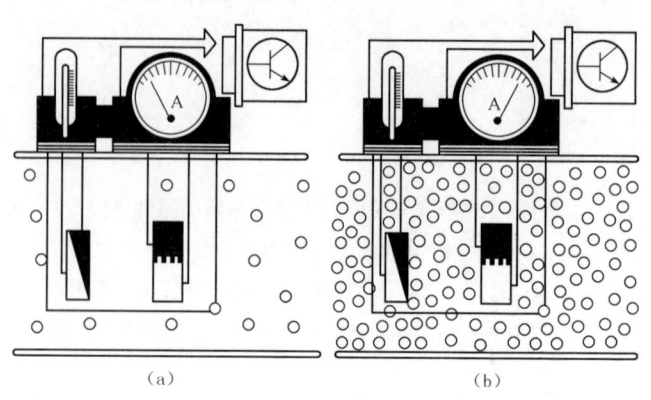

图1-11 热丝式与热膜式AFS测量原理

(a) 急速或热空气时；(b) 负荷增大或冷空气时

3. 涡流式空气流量传感器

涡流式空气流量传感器是根据卡尔曼涡流理论，利用超声波或光电信号，通过检测旋涡频率来测量空气流量的一种传感器。根据检测旋涡频率的方式不同，涡流式流量传感器分为超声波检测式和光电检测式两种。中国进口丰田凌志LS400型轿车和中国台湾进口皇冠3.0型轿车采用了光电检测涡流式流量传感器，日本三菱吉普车、中国长风猎豹吉普车和韩国现代轿车采用了超声波检测涡流式流量传感器。

(1) 涡流式流量传感器的测量原理

众所周知，当野外架空的电线被风吹动时，就会发出"嗡、嗡"的响声。风速越高，声音频率越高，这是因气流流过电线后形成旋涡（即涡流）所致。试验证明，液体、气体等流体均会发生这种现象。

在流体中放置一个柱状物体（称为涡流发生器）后，在涡流发生器下游流体中就会形成两列平行状旋涡，并且左右交替出现，如图1-12所示。因此，根据旋涡出现的频率，就可测量出流体的流量。由于旋涡与街道两旁的路灯类似，故称其为"涡街"。因为这种现象首先被卡尔曼发现，所以称为卡尔曼涡街或卡尔曼旋涡。

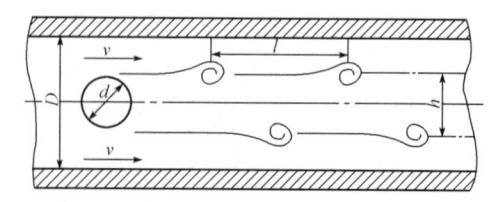

图1-12 卡尔曼涡流产生原理

卡尔曼旋涡是一种物理现象，涡流的测量精度由空气通道面积与涡流发生器的尺寸决定，与检测方法无关。涡流式传感器的输出信号是与旋涡频率对应的脉冲数字信号，其响应速度是几种空气流量传感器中最快的,几乎能同步反映空气流速的变化。因此,特别适用于数字式计算机处理。除此之外,还具有测量精度高、进气阻力小、无磨损等优点,长期使用时,性能不会发生变化。其缺点是制造成本较高,此外,因为检测的流量为体积流量,所以需要对空气温度和大气压进行修正,目前只有少数中高档轿车采用。

(2) 光电检测涡流式空气流量传感器

1) 传感器的结构特点。丰田凌志 LS400 和皇冠 3.0 型轿车装备的光电检测涡流式流量传感器的结构如图 1-13 所示,主要由涡流发生器、发光二极管、光敏三极管、反光镜、张紧带、集成厚膜控制电路和进气温度传感器组成。

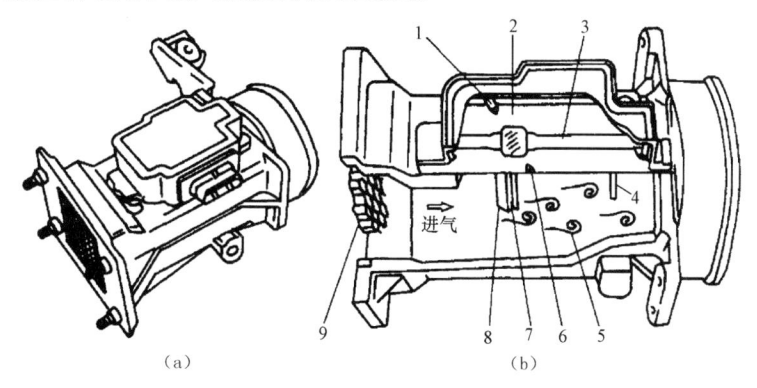

图 1-13　光电检测涡流式流量传感器的结构

1—发光二极管;2—反光镜;3—张紧带;4—进气温度传感器;5—涡流;
6—光敏三极管;7—导压孔;8—涡流发生器;9—整流网栅

在传感器气流入口处设有蜂窝状整流网栅,其作用是使吸入的空气在涡流发生器上游形成比较稳定的气流,从而保证涡流发生器产生与流速成正比的涡流。涡流发生器用合成树脂与厚膜集成控制电路封装成一体,传感器内部结构如图 1-14 所示。

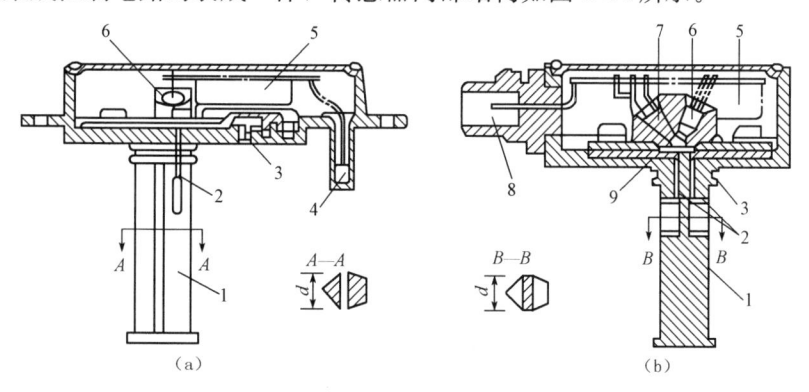

图 1-14　光电检测涡流式流量传感器剖视

1—涡流发生器;2—导压孔;3—弹簧片;4—进气温度传感器;5—厚膜 IC 电路;
6—光敏三极管;7—发光二极管;8—线束插座;9—导压腔

涡流发生器的形状如剖面 $A-A$ 所示，前面为三角形，中间为稳流槽，后面为梯形。实验证明，在比值 h/l 为 0.281 的条件下，无论柱状物体为圆柱形、三角形柱体，还是长方形或矩形柱体，都能周期性地产生稳定的卡尔曼旋涡。在涡流发生器上设有一个稳流槽和两个导压孔，如剖面 $A-A$ 和 $B-B$ 所示。稳流槽使涡流发生器下游产生稳定的涡流，导压孔将涡流发生器两侧的压力引导到导压腔中。反光镜由反光能力较强的金属箔片制成，并用细薄的张紧带张紧在导压腔的外表面上，镜面上部设有一只发光二极管和一只光敏三极管，发光二极管发出的光束由反光镜反射到光敏三极管上。发光二极管是一种能够发光的半导体二极管。英文名称为 Light Emitting Diode，通常缩写为 LED。制作发光二极管 PN 结的半导体材料是砷化镓（GaAs）、磷化镓（GaP）和磷砷化镓（GaAsP）。从 PN 结的两端各引一个金属电极，用塑料将单个 PN 结封装起来即构成单只发光二极管。板簧片设在导压腔内，并紧贴张紧带，其作用是给张紧带施加适当的预紧力，防止张紧带和反光镜振幅过大而变形损坏。检测涡流频率的任务由发光二极管、反光镜和光敏三极管完成，传感器内部的信号处理集成电路将频率信号转换成 ECU 便于处理的数字信号后，再输入 ECU 进行运算处理。涡流式流量传感器检测的是进气气流的体积流量，为了避免环境温度变化给流量检测带来误差，因此，采用了进气温度传感器进行修正。

2) 传感器的工作原理。当进气气流流过涡流发生器时，在涡流发生器两侧就会交替产生涡流，两侧的压力就会交替发生变化。进气量越大，旋涡数量越多，压力变化频率就越高。导压孔将变化的压力引导到导压腔中，反光镜和张紧带就会随着压力的变化而产生振动，振动频率与单位时间内产生的旋涡数量（即旋涡频率）成正比。反光镜将 LED 的光束反射到光敏三极管上，因为光敏三极管受到光束照射时导通，不受光束照射时截止，所以光敏三极管导通与截止的频率与旋涡频率成正比。信号处理电路将频率信号转换成方波信号输入 ECU 之后，ECU 便可计算出进气流量的大小。

（3）超声波检测涡流式流量传感器

1) 传感器的结构特点。超声波检测涡流式流量传感器的结构如图 1-15 所示，主要由涡流发生器、超声波发生器、超声波接收器、集成控制电路、进气温度传感器和大气压力传感器等组成。

超声波式流量传感器设有主空气道和旁通空气道，涡流发生器设在主空气道上。设置旁通空气道的目的是调节主空气道的空气流量。对于排气量不同的发动机，通过改变旁通空气道截面积的大小，就可使用同一规格的流量传感器来满足流量检测的要求。

涡流发生器由三角形柱体和若干个涡流稳定板组成，使其下游能够产生稳定的涡流。在涡流发生器的两侧设有超声波发生器和接收器，超声波发生器用于产生和发射超声波信号，超声波接收器用于接收超声波信号。在主空气道的内壁上，粘贴有吸音材料，防止超声波出现不规则的反射现象而影响正常检测。在空气入口设有整流网栅，其作用是使吸入空气在涡流发生器上游形成稳定的气流，从而保证产生稳定的涡流。集成控制电路对信号进行整形处理后向 ECU 输入方波信号，以便 ECU 运算处理。进气温度和大气压力传感器信号用于修正进气量。

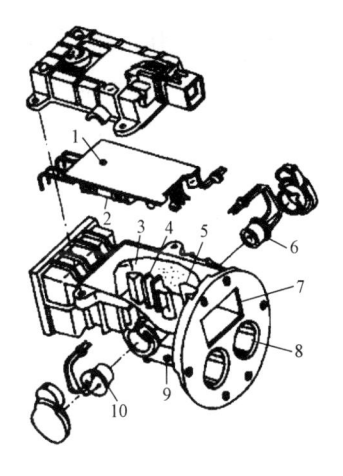

图 1-15　超声波检测涡流式流量传感器的结构

1—大气压力传感器；2—集成控制电路；3—涡流发生器；4—涡流稳定板；5—旋涡；
6—超声波接收器；7—主空气道；8—旁通空气道；9—进气温度传感器；10—超声波发生器

2）传感器的检测原理。超声波检测涡流式流量传感器的检测原理如图1-16所示。

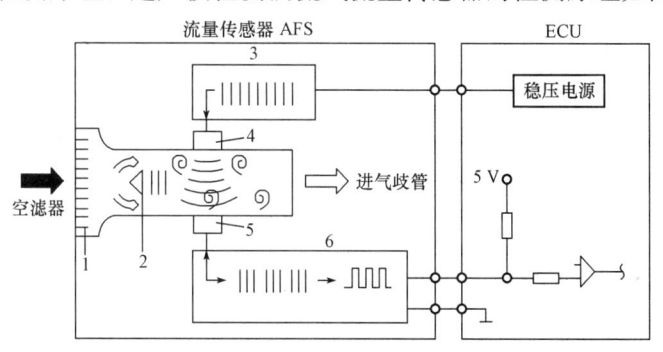

图 1-16　超声波检测涡流式流量传感器的检测原理

1—整流网栅；2—涡流发生器；3—超声波；4—超声波发生器；5—超声波接收器；6—信号处理电路

　　超声波是指频率超过 20 kHz 的波，当发动机运转时，超声波发生器发出的超声波通过发射器不断向接收器发出一定频率（40 kHz）的超声波。当超声波通过进气气流到达接收器时，由于受到气流移动速度及压力变化的影响，接收器接收到的超声波信号的相位（时间间隔）以及相位差（时间间隔之差）就会发生变化，控制电路根据相位或相位差的变化情况就可计量出涡流的频率。旋涡频率信号输入 ECU 后，ECU 就可计算出进气量。超声波发生器之所以设定 40 kHz 的超声波，是因为在没有旋涡的通道上，发送的超声波与接收到的超声波信号相位和相位差完全相同，如图 1-17（b）所示。

　　在日常生活中，人们常常会遇到这样的现象，当顺着风向喊人时，对方很容易听到；反之，当逆着风向喊人时，对方就不容易听到。这是因为前者的空气流动方向与声波前进方向相同，使波被加速的结果，而后者是声波受阻而减速的结果。在超声波式空气流量传感器中，同样存在这种现象，如图 1-17（c）、（e）所示。当进气通道上有旋涡时，在接收器接收到的超声波信号中,有的受加速作用而超前(设超前时间为 t_1),有的受减速作用而滞后(设滞后时间为 t_2),因此其相位和相位差就会发生变化。集成控制电路在信号相位超前时输出一个正向脉冲信号,在信号相位滞后时输出一个负向脉冲信号,如图 1-17 (d)、(f) 所示。根据集成控制电路输出脉冲信号的多少即可计算出旋涡的频率,从而求得空气流量。

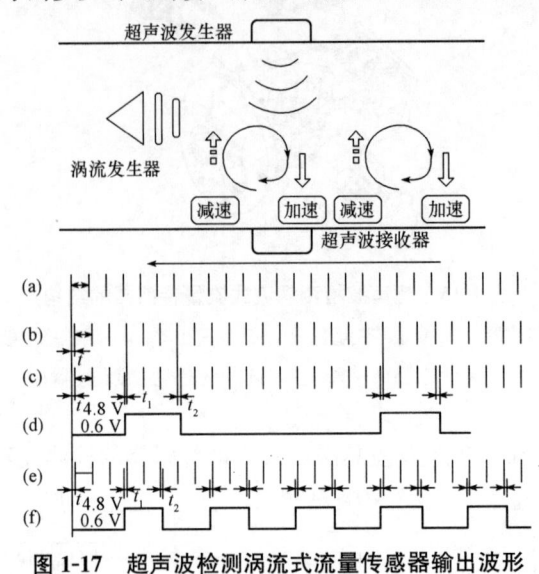

图 1-17　超声波检测涡流式流量传感器输出波形

(a) 发射的超声波;(b) 无旋涡时接收到的超声波;(c) 低速时接收的超声波;
(d) 低速时传感器输出波形;(e) 高速时接收的超声波;(f) 高速时传感器输出波形

当发动机转速低时,进气量小,因此产生涡流的频率较低;反之,当发动机转速高时,进气量增大,产生涡流的频率升高。三菱和猎豹吉普车用涡流式流量传感器时,发动机转速为 700 r/min 时,涡流频率为 25~45 Hz;当发动机转速为 2 000 r/min 时,涡流频率为 70~90 Hz。

三、空气流量传感器电路

空气流量传感器电路如图 1-18 所示。

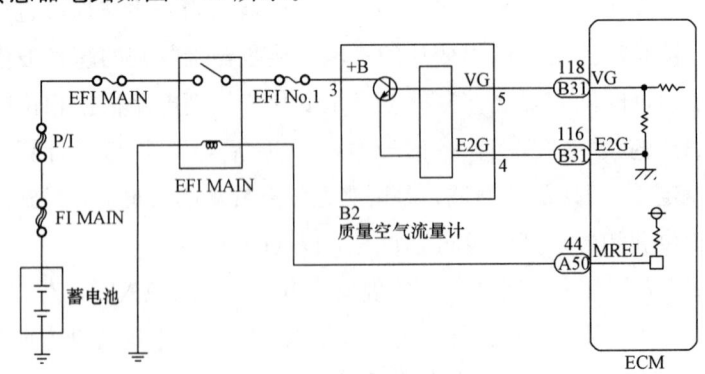

图 1-18　空气流量传感器电路

任务实施与考核

一、技能学习

1. 基本技能

（1）空气流量传感器的拆卸

1）热膜式空气流量传感器的安装位置。热膜式空气流量传感器的安装位置如图 1-19 所示。

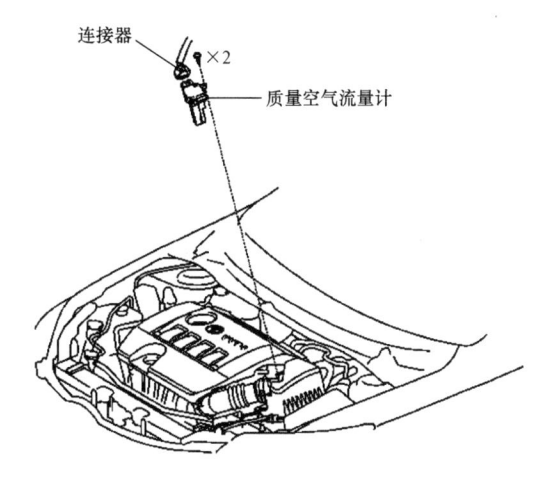

图 1-19　热膜式空气流量传感器的安装位置

2）热膜式空气流量传感器的拆卸。

① 断开质量空气流量计连接器。

② 拆下两个螺钉和质量空气流量计，如图 1-20 所示。

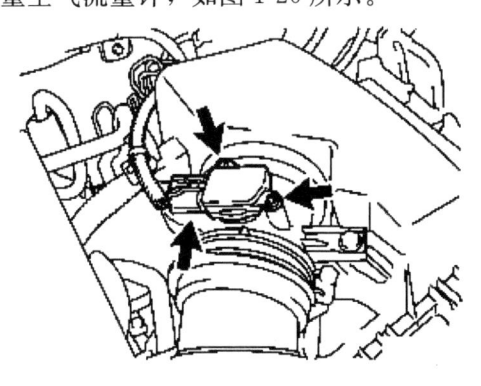

图 1-20　拆下质量空气流量传感器

3）热膜式空气流量传感器的检查。

① 检查外观。如图 1-21 所示，目测检查质量空气流量计的铂热丝（加热器）上是否存

在异物。

正常：不存在异物。如果结果不符合规定，则更换质量空气流量计。

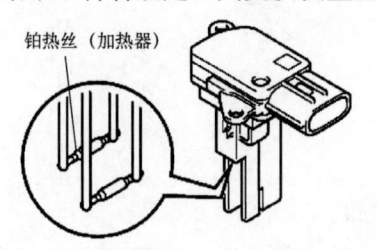

图 1-21 检查质量空气流量传感器外观

②检查质量空气流量传感器电源。根据表 1-1，参考图 1-22，使用数字万用表值测量电压。

表 1-1　标准电压

检测仪连接	开关状态	规定状态
B2－3（＋B）－车身搭铁	点火开关置于 ON 位置	9～14 V

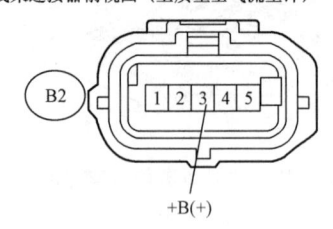

图 1-22 质量空气流量传感器线束连接器

③检查质量空气流量计 VG 电压。根据表 1-2，参考图 1-23，使用数字万用表值测量电压。

表 1-2　标准电压

检测仪连接	状态	规定状态
5（VG）－4（E2G）	向端子＋B 和 E2G 之间施加蓄电池电压	0.2～4.9 V

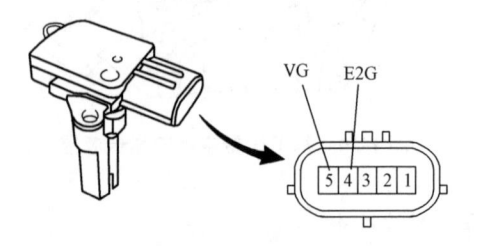

图 1-23 检查质量空气流量传感器 VG 电压

④检查质量空气流量计线束。根据表 1-3、表 1-4，参考图 1-24，使用欧姆表值测量电阻。

表 1-3　标准电阻（一）

检测仪连接	条件	规定状态
B2－5（VG）－B31－118（VG）	始终	小于 1 Ω
B2－4（E2G）－B31－118（E2G）	始终	小于 1 Ω

表 1-4　标准电阻（二）

检测仪链接	开关状态	规定状态
B2－5（VG）或 B31－118（VG）－车身搭铁	始终	10 kΩ 或更大

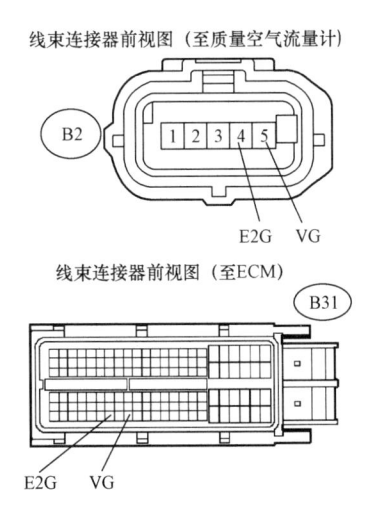

图 1-24　检查质量空气流量传感器线束

4）热膜式空气流量传感器的安装。

①用两个螺钉安装质量空气流量计。

注意：安装时，确保 O 形圈没有破裂或卡住。

②连接质量空气流量计连接器，如图 1-25 所示。

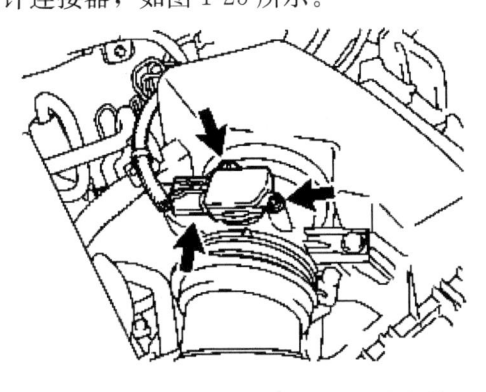

图 1-25　热膜式空气流量传感器的安装

2. 操作步骤

空气流量计的检修步骤如表 1-5 所示。

表 1-5　空气流量计的检修步骤

故障名称	检查内容	检查要点	提示
空气流量计故障	安装车轮挡块	安装完毕	
	安装尾气抽排管	尾气抽排管安装完毕	
	安装驾驶室三件套	三件套安装完毕	
	铺上翼子板布、前盖布	防护垫安装完毕	
	拆下发动机隔音板	拆卸完毕	
	拆下发动机水箱盖板	拆卸完毕	
	查看发动机冷却液	液面正常	
	查看发动机机油	液面正常	
	安装 IT-Ⅱ诊断仪	故障码显示 P0351、P0102	点火开关 ON
	清除故障码	故障码显示 P0102	
	读取数据流	数据流显示 0.399 mg/s、0.12 V	
	检查空气流量计的安装	传感器端子连接牢固可靠	
	拆下空气流量计传感器插头,测量线束 3 端子与车身搭铁之间的电压	显示电压值 12.6 V,正常	插拔接头前点火开关 OFF;测量电压点火开关 ON
	拆下空气流量计,将传感器 3、4 端子分别接蓄电池正、负极,测量 5、4 端子电压	显示电压值 0 V,说明传感器损坏故障	
	更换空气流量计传感器,将新传感器 3、4 端子分别接蓄电池正、负极,测量 5、4 端子电压	显示电压值 4.6 V,正常	
	安装新空气流量计传感器及插头	新传感器安装完毕	插拔接头前点火开关 OFF
	安装 IT-Ⅱ诊断仪	故障码显示 P0110、P0102	点火开关 ON
	清除故障码	显示无故障码	
	读取数据流	数据流显示 0.399 mg/s、2.3 V	
	收回车轮挡块	车轮挡块已收	
	收回尾气抽排管	尾气抽排管已收	
	收回翼子板布、前盖布	翼子板布、前盖布已收	
	收回三件套	三件套已收	
	关车门,将钥匙放回工具车	整理工作结束	

续表

故障名称	检查内容	检查要点	提示
空气流量计线路故障	安装车轮挡块	安装完毕	
	安装尾气抽排管	尾气抽排管安装完毕	
	安装驾驶室三件套	三件套安装完毕	
	铺上翼子板布、前盖布	防护垫安装完毕	
	拆下发动机隔音板	拆卸完毕	
	拆下发动机水箱盖板	拆卸完毕	
	查看发动机冷却液	液面正常	
	查看发动机机油	液面正常	
	安装IT-Ⅱ诊断仪	故障码显示P0351、P0102	点火开关ON
	清除故障码	故障码显示P0102	
	读取数据流	数据流显示0.399 mg/s、0.12 V	
	检查空气流量计的安装	传感器端子连接牢固可靠	
	拆下空气流量计传感器插头,测量线束3端子与车身搭铁之间的电压	显示电压值12.6 V,正常	插拔接头前点火开关OFF;测量电压点火开关ON
	拆下空气流量计,将传感器3、4端子分别接蓄电池正、负极,测量5、4端子电压	显示电压值4.6 V,正常	拆卸空气流量计点火开关OFF
	拆下线束电脑端插头,测量线束4号端子与线束电脑端116端子电阻,线束5号端子与线束电脑端118端子电阻	显示电阻值∞,说明线束断路故障	先拆蓄电池负极
	更换线束,重新测量新线束4号端子与线束电脑端116端子的电阻,线束5号端子与线束电脑端118端子的电阻	显示电阻0.5 Ω	
	安装新线束插头	新线束安装完毕	接好蓄电池负极
	安装IT-Ⅱ诊断仪	故障码显示P0110、P0102	点火开关ON
	清除故障码	显示无故障码	
	读取数据流	数据流显示0.399 mg/s、2.3 V	
	收回车轮挡块	车轮挡块已收	
	收回尾气抽排管	尾气抽排管已收	
	收回翼子板布、前盖布	翼子板布、前盖布已收	
	收回三件套	三件套已收	
	关车门,将钥匙放回工具车	整理工作结束	

续表

故障名称	检查内容	检查要点	提示
空气流量计复合故障	安装车轮挡块	安装完毕	
	安装尾气抽排管	尾气抽排管安装完毕	
	安装驾驶室三件套	三件套安装完毕	
	铺上翼子板布、前盖布	防护垫安装完毕	
	拆下发动机隔音板	拆卸完毕	
	拆下发动机水箱盖板	拆卸完毕	
	查看发动机冷却液	液面正常	
	查看发动机机油	液面正常	
	安装IT－Ⅱ诊断仪	故障码显示P0351、P0102	点火开关ON
	清除故障码	故障码显示P0102	
	读取数据流	数据流显示0.399 mg/s、0.12 V	
	检查空气流量计安装	传感器端子连接牢固可靠	
	拆下空气流量计传感器插头，测量线束3端子与车身搭铁之间的电压	显示电压值12.6 V，正常	插拔接头前点火开关OFF；测量电压点火开关ON
	拆下空气流量计，将传感器3、4端子分别接蓄电池正、负极，测量5、4端子电压	显示电压值0 V，说明传感器损坏故障	拆卸空气流量计点火开关OFF
	更换空气流量计传感器，将新传感器3、4端子分别接蓄电池正、负极，测量5、4端子电压	显示电压值4.6 V，正常	
	安装新空气流量计传感器及插头	新传感器安装完毕	
	安装IT－Ⅱ诊断仪	故障码显示P0110、P0102	点火开关ON
	清除故障码	故障码显示P0102	
	读取数据流	数据流显示0.399 mg/s、0.12 V	
	拆下线束电脑端插头，测量线束4号端子与线束电脑端116端子的电阻，线束5号端子与线束电脑端118端子的电阻	显示电阻值∞，说明线束断路故障	先拆蓄电池负极
	更换线束，重新测量新线束4号端子与线束电脑端116端子的电阻，线束5号端子与线束电脑端118端子的电阻	显示电阻0.5 Ω，正常	
	安装新线束插头	新线束安装完毕	接好蓄电池负极
	安装IT－Ⅱ诊断仪	故障码显示P0110、P0102	点火开关ON
	清除故障码	显示无故障码	
	读取数据流	数据流显示0.399 mg/s、2.3 V	
	收回车轮挡块	车轮挡块已收	
	收回尾气抽排管	尾气抽排管已收	
	收回翼子板布、前盖布	翼子板布、前盖布已收	
	收回三件套	三件套已收	
	关车门，将钥匙放回工具车	整理工作结束	

二、任务实施与考核

空气流量传感器检修的任务实施与考核如表 1-6 所示。

表 1-6　空气流量传感器检修的任务实施与考核

车辆信息	整车型号		
	车辆识别代码		
	发动机型号		
故障描述			
项目	任务实施记录内容		备注
一、前期准备			
二、安全检查			
三、仪器连接			
四、故障现象确认			
五、故障代码检查			
六、正确读取数据和清除故障码（当定格数据和动态数据中不存在反映故障码特征的相关数据时，应填写"无"）	提示： 1. 定格数据记录（只记录故障发生时的数据帧内容）包括： （1）基本数据； （2）定格数据中除基本数据外的反映故障码特征的相关数据。 2. 与故障码特征相关的动态数据记录。 3. 清除故障码。 4. 确认故障码是否再次出现，并填写结果		
七、确定故障范围	提示：根据上述检查进行判断并填写可能的故障范围		
八、基本检查			
九、部件测试	对被怀疑的部件进行部件测试。 需注明元件名称/插接件代码、针脚编号和测量结果		
十、电路测量	对被怀疑的线路进行测量，需注明插件代码和编号，控制单元针脚代号以及测量结果		
十一、故障部位确认和排除	根据上述的所有检测结果，确定故障内容并注明： 1. 确定的故障。 2. 故障点的排除处理说明		
十二、维修结果确认（表中项目检查有内容时填写检查结果，如果没有时填写"无"）	1. 维修后故障代码读取，并填写读取结果。 2. 与原故障码相关的动态数据检查结果。 3. 维修后的功能确认并填写结果		
十三、现场恢复			

任务二　进气温度传感器的结构原理与检修

学习目标

1. 正确描述进气温度传感器的作用、结构及工作原理。
2. 正确使用检测仪器，对进气温度传感器进行检修。
3. 注意培养环保、安全意识及团队协合能力。

任务引入

一辆丰田轿车，打开仪表盘点火开关至启动挡，启动后发动机怠速运转发现有轻微抖动现象，故障指示灯亮。

此故障现象说明汽车发动机在怠速状态下无法正常运行，从而导致怠速运转不稳的现象出现，怠速的控制核心是对空气流量的控制，此故障应从发动机空气供给系统的相关部件入手查找，这类故障大多为进气温度传感器故障，所以我们先学习进气温度传感器的相关知识。

相关知识

一、进气温度传感器的作用

将进气温度信号转换为电信号输入发动机电控单元（ECU），以便 ECU 修正喷油量。空气质量大小与进气温度和大气（进气）压力高低有关。当进气温度低时，空气密度大，相同体积气体的质量增大；反之，当进气温度升高时，相同体积气体的质量将减小。在采用歧管压力式、翼片式、卡尔曼涡流式空气流量传感器的燃油喷射系统中，由于空气流量传感器测定的空气流量为体积流量，因此，需要配装进气温度传感器和大气压力传感器来修正喷油量，使发动机自动适应外部环境温度（寒冷、高温）和压力（高原、平原）的变化。当进气温度低（空气密度大）时，ECU 将控制喷油器增加喷油量；反之，当进气温度高（空气密度小）时，ECU 将控制喷油器减少喷油量。进气温度信号是各种控制功能的修正信号。如果进气温度传感器信号中断，就会导致热启动困难、废气排放量增大等。

图 1-26　发动机进气温度传感器

二、进气温度传感器的结构及原理

发动机进气温度传感器及其组成如图 1-26 和图

1-27 所示，通过安装螺纹安装在进气道中或空气流量计内，外壳与进入的空气直接接触，其内部有一个热敏电阻，热敏电阻是利用陶瓷半导体材料的电阻值随温度变化而变化的特性制成的。根据热敏电阻的特性不同，可分为负温度系数热敏电阻、正温度系数热敏电阻和临界温度热敏电阻。电阻值随温度升高而减小的称为负温度系数热敏电阻；电阻值随温度升高而增大的称为正温度系数热敏电阻；有一类热敏电阻的阻值以某一温度（称为临界温度）为界，高于此温度时阻值为某一水平，低于此温度时阻值为另一水平，这类热敏电阻称为临界温度热敏电阻。发动机进气温度传感器通常采用负温度系数热敏电阻，电阻和电压都随温度的升高而下降，如图 1-28 所示。由电插接器将变化的信号电压输入电控单元。随着进气温度的升高，电压表读数值逐渐减小，电压由 3.5 V 逐渐下降至接近 0.5 V。

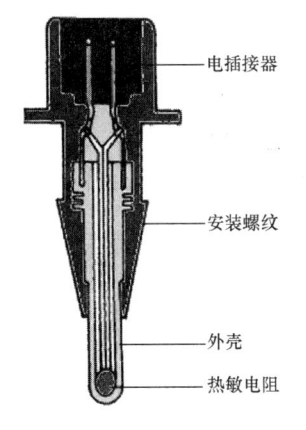

图 1-27　发动机进气温度传感器的组成　　图 1-28　发动机进气温度传感器的电阻变化特性

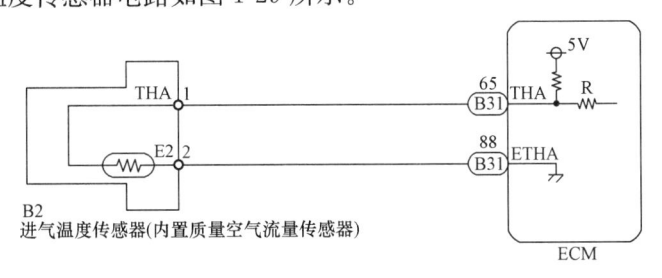

三、发动机进气温度传感器电路

发动机进气温度传感器电路如图 1-29 所示。

图 1-29　发动机进气温度传感器电路

任务实施与考核

一、技能学习

1. 查找相关技术资料

1) 使用智能检测仪读取发动机进气温度传感器反馈数值。根据表 1-7，参考图 1-30，使用智能检测仪读取发动机进气温度传感器反馈数值。

表 1-7 标准数值

检测仪连接	条件	规定状态
B2-1（THA）-B2-2（E2）	始终	140℃或更高

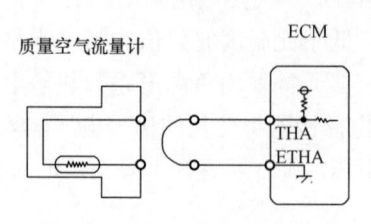

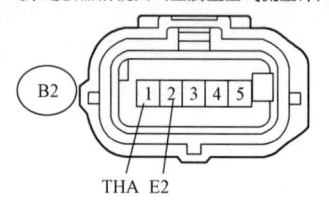

图 1-30 智能检测仪读取数值

2) 检查发动机进气温度传感器线束。根据表 1-8，参考图 1-31，使用数字万用表值测量电阻。

表 1-8 标准电阻　　　　　　　　　　　　　　　　　Ω

检测仪连接	条件	规定状态
B2-1（THA）-B31-65（THA）	始终	小于 1
B2-2（E2）-B31-88（ETHA）	始终	小于 1

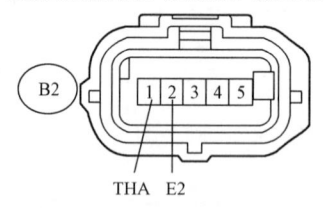

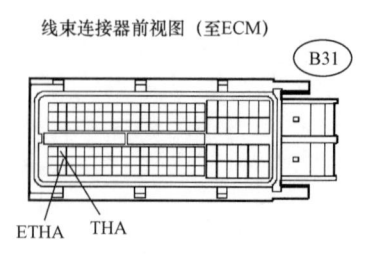

图 1-31 检查进气温度传感器线束

2. 操作步骤

进气温度传感器的检修步骤如表 1-9 所示。

表 1-9 进气温度传感器的检修步骤

故障名称	检查内容	检查记录	提示语
进气温度传感器故障	安装车轮挡块	安装完毕	
	安装尾气抽排管	尾气抽排管安装完毕	
	安装驾驶室三件套	三件套安装完毕	
	铺上翼子板布、前盖布	防护垫安装完毕	
	拆下发动机隔音板	拆卸完毕	
	拆下发动机水箱盖板	拆卸完毕	
	查看发动机冷却液	液面正常	
	查看发动机机油	液面正常	
	安装 IT－Ⅱ诊断仪读取故障码	故障码显示 P0110、P0335	点火开关 ON
	清除故障码	故障码显示 P0110	
	读取数据流	数据流显示 Intake Air －40°	
	检查进气温度传感器安装	传感器端子连接牢固可靠	
	拆下进气温度传感器线束插头	短接线束端的 1－2 端子	插拔接头前点火开关 OFF
	安装 IT－Ⅱ诊断仪	故障码显示 P0110、P0102	点火开关 ON
	清除故障码	故障码显示 P0110	
	读取数据流	数据流显示 Intake Air140°	
	测量传感器 1－2 端子	显示电阻值∞，说明传感器损坏故障	
	更换进气温度传感器，重新测量传感器 1－2 端子电阻	显示电阻值 2.14 kΩ，新传感器正常	插拔接头前点火开关 OFF
	安装进气温度传感器及插头	新传感器安装完毕	
	安装 IT－Ⅱ诊断仪	读取故障码：P0110、P0102	点火开关 ON
	清除故障码	显示无故障码	
	读取数据流	显示 Intake Air20°	
	收回车轮挡块	车轮挡块已收	
	收回尾气抽排管	尾气抽排管已收	
	收回翼子板布、前盖布	翼子板布、前盖布已收	
	收回三件套	三件套已收	
	关车门，将钥匙放回工具车	整理工作结束	

续表

故障名称	检查内容	检查记录	提示语
进气温度传感器线束故障	安装车轮挡块	安装完毕	
	安装尾气抽排管	尾气抽排管安装完毕	
	安装驾驶室三件套	三件套安装完毕	
	铺上翼子板布、前盖布	防护垫安装完毕	
	拆下发动机隔音板	拆卸完毕	
	拆下发动机水箱盖板	拆卸完毕	
	查看发动机冷却液	液面正常	
	查看发动机机油	液面正常	
	安装IT－Ⅱ诊断仪	故障码显示P0110、P0328	点火开关ON
	清除故障码	故障码显示P0110	
	读取数据流	数据流显示Intake Air －40°	
	检查进气温度传感器安装	传感器端子连接牢固可靠	
	拆下进气温度传感器线束插头	短接线束端的1－2端子	插拔接头前点火开关OFF
	安装IT－Ⅱ诊断仪	故障码显示P0110、P0102	点火开关ON
	清除故障码	故障码显示P0110	
	读取数据流	数据流显示Intake Air－40°	
	拆下线束电脑端插头，测量线束1号端子与线束电脑端65端子的电阻，线束2号端子与电脑端88端子的电阻	电阻值为∞，说明传感器线束断路故障	先拆蓄电池负极
	更换进气温度传感器线束，重新测量线束1号端子与线束电脑端65端子的电阻，线束2号端子与线束电脑端88端子的电阻	电阻值为0.5Ω，新线束正常	
	安装新线束插头	新线束安装完毕	接好蓄电池负极
	安装IT－Ⅱ诊断仪	故障码显示P0110、P0102	点火开关ON
	清除故障码	故障码无显示	
	读取数据流	数据流显示Intake Air20°	
	收回车轮挡块	车轮挡块已收	
	收回尾气抽排管	尾气抽排管已收	
	收回翼子板布、前盖布	翼子板布、前盖布已收	
	收回三件套	三件套已收	
	关车门，将钥匙放回工具车	整理工作结束	

续表

故障名称	检查内容	检查记录	提示语
进气温度传感器复合故障	安装车轮挡块	安装完毕	
	安装尾气抽排管	尾气抽排管安装完毕	
	安装驾驶室三件套	三件套安装完毕	
	铺上翼子板布、前盖布	防护垫安装完毕	
	拆下发动机隔音板	拆卸完毕	
	拆下发动机水箱盖板	拆卸完毕	
	查看发动机冷却液	液面正常	
	查看发动机机油	液面正常	
	安装IT-Ⅱ诊断仪	故障码显示P0110、P0115	点火开关ON
	清除故障码	故障码显示P0110	
	读取数据流	数据流显示Intake Air －40°	
	检查进气温度传感器安装	传感器端子连接牢固可靠	
	拆下进气温度传感器线束插头	短接线束端的1－2端子	插拔接头前点火开关OFF
	安装IT-Ⅱ诊断仪	故障码显示P0110、P0102	点火开关ON
	清除故障码	故障码显示P0110	
	读取数据流	数据流显示Intake Air－40°	
	拆下线束电脑端插头,测量线束1号端子与线束电脑端65端子的电阻,线束2号端子与线束电脑端88端子的电阻	显示电阻值∞,说明传感器线束断路故障	先拆蓄电池负极
	更换进气温度传感器线束,重新测量线束1号端子与线束电脑端65端子的电阻,线束2号端子与线束电脑端88端子的电阻	显示电阻值0.5Ω,新线束正常	
	安装新线束插头	新线束安装完毕	接好蓄电池负极
	安装IT-Ⅱ诊断仪	故障码显示P0110、P0102	点火开关ON
	清除故障码	故障码显示P0110	
	读取数据流	数据流显示Intake Air140°	
	测量传感器1－2端子	显示电阻值∞,说明传感器损坏故障	
	更换进气温度传感器,重新测量传感器1－2端子的电阻	显示电阻值2.14 kΩ,新传感器正常	插拔接头前点火开关OFF
	安装进气温度传感器及插头	新传感器安装完毕	
	安装IT-Ⅱ诊断仪	读取故障码：P0110、P0102	点火开关ON
	清除故障码	显示无故障码	
	读取数据流	显示Intake Air20°	
	收回车轮挡块	车轮挡块已收	
	收回尾气抽排管	尾气抽排管已收	
	收回翼子板布、前盖布	翼子板布、前盖布已收	
	收回三件套	三件套已收	
	关车门,将钥匙放回工具车	整理工作结束	

二、任务实施与考核

进气温度传感器检修的任务实施与考核如表 1-10 所示。

表 1-10　进气温度传感器检修的任务实施与考核

车辆信息	整车型号		
	车辆识别代码		
	发动机型号		
故障描述			
项目		任务实施记录内容	备注
一、前期准备			
二、安全检查			
三、仪器连接			
四、故障现象确认			
五、故障代码检查			
六、正确读取数据和清除故障码（当定格数据和动态数据中不存在反映故障码特征的相关数据时，应填写"无"）		1. 定格数据记录（只记录故障发生时的数据帧内容）包括： （1）基本数据； （2）定格数据中除基本数据外的反映故障码特征的相关数据。 2. 与故障码特征相关的动态数据记录。 3. 清除故障码。 4. 确认故障码是否再次出现，并填写结果	
七、确定故障范围		根据上述检查进行判断并填写可能的故障范围	
八、基本检查			
九、部件测试		对被怀疑的部件进行部件测试。 需注明元件名称/插接件代码、针脚编号和测量结果	
十、电路测量		对被怀疑的线路进行测量，需注明插件代码和编号，控制单元针脚代号以及测量结果	
十一、故障部位确认和排除		根据上述的所有检测结果，确定故障内容并注明： 1. 确定的故障。 2. 故障点的排除处理	
十二、维修结果确认（表中项目检查有内容时填写检查结果，如果没有时填写"无"）		1. 维修后故障代码读取，并填写读取结果。 2. 与原故障码相关的动态数据检查结果。 3. 维修后的功能确认并填写结果	
十三、现场恢复			

任务三　节气门位置传感器的结构原理与检修

学习目标

1. 正确描述节气门位置传感器的作用、结构及工作原理。
2. 正确使用检测仪器，对节气门位置传感器进行检修。
3. 注意培养环保、安全意识及团队协合能力。

任务引入

一辆丰田轿车，打开仪表盘点火开关至启动挡，启动后发动机怠速运转发现有轻微抖动现象，故障指示灯亮。路试时起步有游车感，车辆低速挡行驶发动机噪声大，加速卡滞。

此故障现象说明汽车发动机在怠速状态下无法正常运行，路试后明显在不同的负荷状态下都不能良好工作，初步怀疑应当是空气供给部件失效造成，此故障应从发动机空气供给系统的相关部件入手查找，因故障指示灯亮，这类故障大多为节气门位置传感器故障，所以我们先学习节气门位置传感器的相关知识。

相关知识

一、节气门位置传感器的作用

发动机工况（如启动、怠速、加速、减速、小负荷和大负荷等）不同，对混合气浓度的要求也不相同。节气门位置传感器的功用是：将节气门开度（即发动机负荷）大小转换为电信号输入发动机 ECU，以便确定空燃比的大小。在装备电子控制自动变速器的汽车上，节气门位置传感器信号还要输入变速器电控单元（ECT ECU），作为确定变速器换挡时机和变矩器锁止时机的主要信号。

二、节气门位置传感器的分类和结构原理

各种汽车的节气门位置传感器都安装在节气门体上节气门轴的一端。按输出信号的类型不同，节气门位置传感器分为线性输出型、开关量输出型、非线性输出型三种类型。

1. 线性输出型节气门位置传感器

线性输出型节气门位置传感器如图 1-32 所示，利用触点在电阻体上的滑动来改变电阻值，测得节气门开度的线性输出电压，即可知节气门开度。全关时电压信号约为 0.5 V，随

着节气门增大，信号电压增强，全开时约为 5 V。

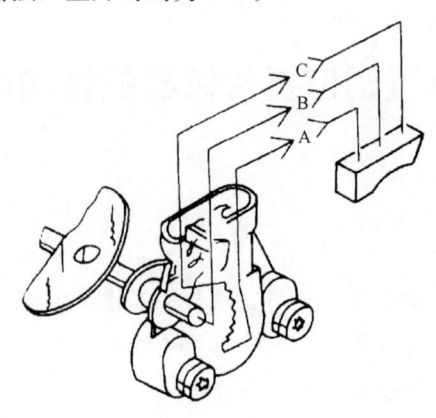

图 1-32 线性输出型节气门位置传感器

2. 开关量输出型节气门位置传感器

开关量输出型节气门位置传感器由滑动触点和两个固定触点（功率触点和怠速触点）组成，如图 1-33 所示。

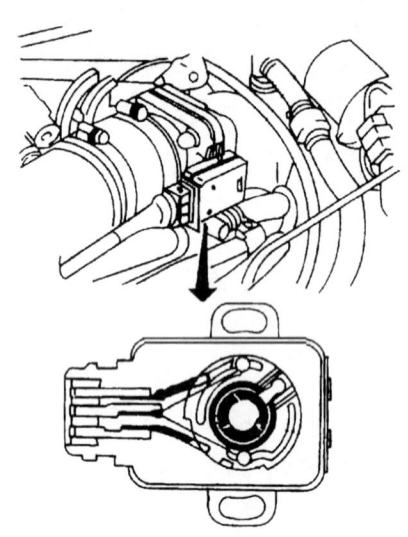

图 1-33 开关量输出型节气门位置传感器

开关量输出型节气门位置传感器又称为节气门开关。它有两副触点，分别为怠速触点（IDL）和全负荷触点（PSW）。由一个和节气门同轴的凸轮控制两个开关触点的开启和闭合。当节气门处于全关闭的位置时，怠速触点闭合，ECU 根据怠速开关的闭合信号判定发动机处于怠速工况，从而按怠速工况的要求控制喷油量；当节气门打开时，怠速触点打开，ECU 根据这一信号进行从怠速到小负荷的过渡工况的喷油控制；全负荷触点在节气门由全闭位置到中小开度范围内一直处于开启状态，当节气门打开至一定角度（丰田 1G－EU 车为 55°）的位置时，全负荷触点开始闭合，向 ECU 送出发动机处于全负荷运转工况的信号，

ECU 根据此信号进行全负荷加浓控制。丰田 1G—EU 发动机电子控制系统用的开关量输出型节气门位置传感器。

3. 非线性输出型节气门位置传感器

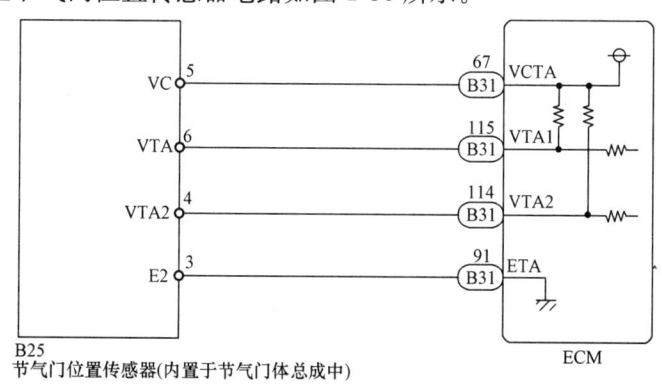

非线性输出型节气门位置传感器使用霍尔效应元件，以便在极短的行驶条件下，例如高速以及低车速下，也能生成精确的信号。节气门位置传感器有 VTA1 和 VTA2 两个传感器电路，各传送一个信号。VTA1 用于检测节气门开度，VTA2 用于检测 VTA1 的故障，如图 1-34 所示。传感器信号电压与节气门开度成比例，在 0 V 和 5 V 之间变化，并且传送至 ECM 的 VTA 端子，如图 1-35 所示。

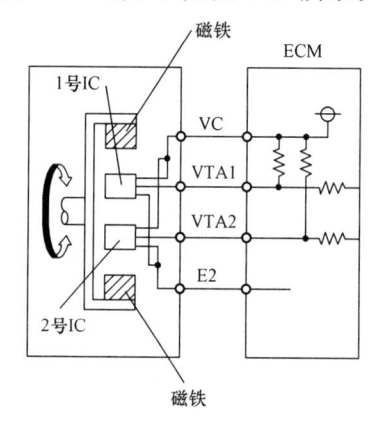

图 1-34 非线性节气门位置传感器电路

图 1-35 节气门位置传感器信号电压与节气门开度比例关系

当节气门关闭时，传感器输出电压降低；当节气门开启时，传感器输出电压升高，ECM 根据这些信号计算节气门开度并响应驾驶员输入来控制节气门执行器，这些信号同时也用来计算空燃比修正值和功率提高修正值，然后切断控制。

三、节气门位置传感器电路

非线性输出型节气门位置传感器电路如图 1-36 所示。

图 1-36 非线性输出型节气门位置传感器电路

任务实施与考核

一、技能学习

1. 查找相关技术资料

(1) 非线性节气门位置传感器的拆卸

1) 排出发动机冷却液。

2) 拆下2号汽缸盖罩。

3) 拆下空气滤清器盖分总成,如图1-37所示。

①断开质量空气流量计连接器。

②断开两个卡夹。

③断开箍带和通风软管,并拆卸空气滤清器,如图1-38所示。

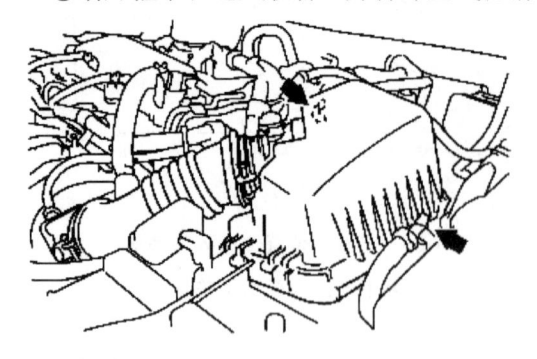

图1-37 非线性节气门位置传感器的拆卸1 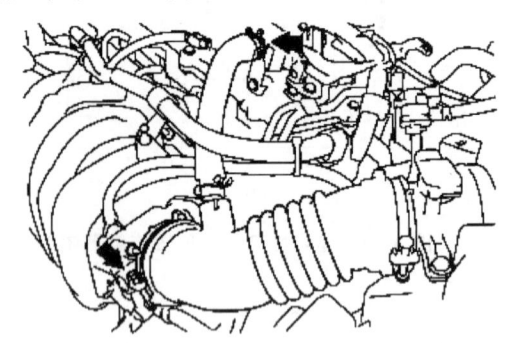　　图1-38 非线性节气门位置传感器的拆卸2

4) 拆下节气门体总成。

①断开连接器和两根水软管,如图1-39所示。

②拆下两个螺栓、两个螺母和节气门体,如图1-40所示。

③拆下衬垫。

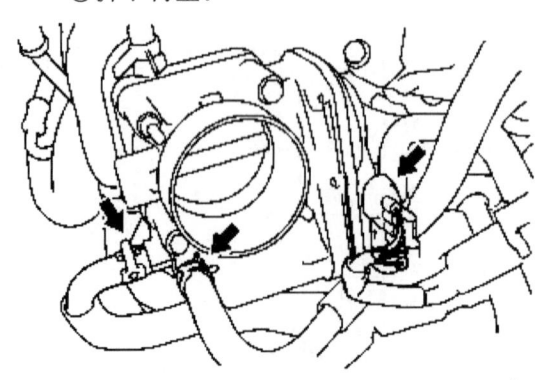

图1-39 非线性节气门位置传感器的拆卸3 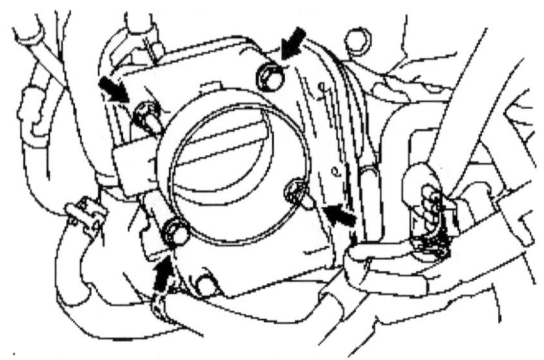　　图1-40 非线性节气门位置传感器的拆卸4

(2) 非线性节气门位置传感器的检查

1) 用智能检测仪读取数值。用智能检测仪读取数值，如表1-11所示。

表1-11 智能检测仪读取的相关数据　　　　　　　　　　　　　　　V

1号节气门位置（VTA1）松开油门踏板时	2号节气门位置（VTA2）松开油门踏板时	1号节气门位置（VTA1）踩下油门踏板时	2号节气门位置（VTA2）踩下油门踏板时	故障部位
0～0.2	0～0.2	0～0.2	0～0.2	VC电路断路
4.5～5.0	4.5～5.0	4.5～5.0	4.5～5.0	E2电路断路
0～0.2或4.5～5.0	2.4～3.4（失效保护）	0～0.2或4.5～5.0	2.4～3.4（失效保护）	VTA1电路断路或搭铁短路
0.7～1.3（失效保护）	0～0.2或4.5～5.0	0.7～1.3（失效保护）	0～0.2或4.5～5.0	VTA2电路断路或搭铁短路
0.5～1.1	2.1～3.1	3.3～4.9（非失效保护）	4.6～5.0（非失效保护）	节气门位置传感器电路正常

2) 检查非线性节气门位置传感器电压。根据表1-12，参考图1-41，使用数字万用表值测量电压。

表1-12 标准电压

检测仪连接	开关状态	规定状态
B25-5（VC）-B25-3（E2）	点火开关置于ON位置	4.5～5.5 V

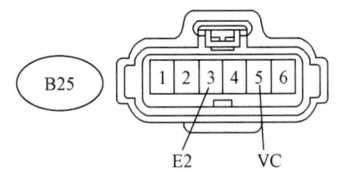

图1-41 测量非线性节气门位置传感器电压

3) 检查非线性节气门位置传感器线束。根据表1-13和表1-14，参考图1-42，使用数字万用表值测量电阻。

表1-13 标准电阻（一）　　　　　　　　　　　　　　　　　　Ω

检测仪连接	条件	规定状态
B25-5（VC）-B31-67（VCTA）	始终	小于1
B25-6（VTA）-B31-115（VTA1）	始终	小于1
B25-6（VTA）-B31-114（VTA2）	始终	小于1
B25-3（E2）-B31-91（ETA）	始终	小于1

表 1-14　标准电阻（二）　　　　　　　　　　　　　　　　　　　　　　　　　　kΩ

检测仪连接	开关状态	规定状态
B25—5（VC）或 B31—67（VCTA）—车身搭铁	始终	10 或更大
B25—6（VTA）或 B31—115（VTA1）—车身搭铁	始终	10 或更大
B25—5（VC）或 B31—114（VTA2）—车身搭铁	始终	10 或更大

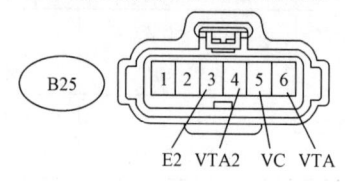

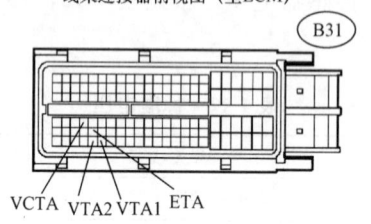

图 1-42　测量非线性节气门位置传感器电阻

(3) 非线性节气门位置传感器的安装

1) 将新衬垫安装至进气歧管。

2) 用两个螺栓和两个螺母安装节气门体，如图 1-43 所示，扭矩为 10 N·m。

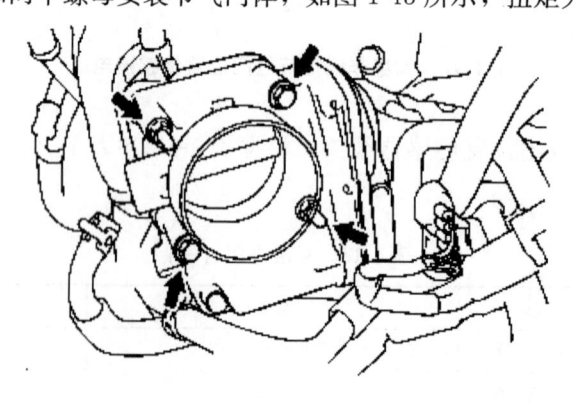

图 1-43　非线性节气门位置传感器的安装 1

3) 连接连接器和两根水管，如图 1-44 所示。

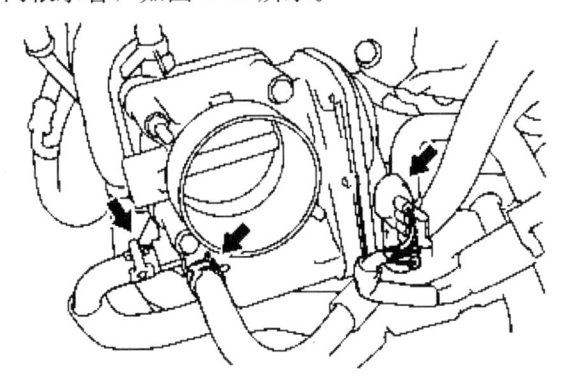

图 1-44 非线性节气门位置传感器的安装 2

4) 安装空气滤清器盖分总成：
① 安装空气滤清器盖分总成。
② 用箍带连接通风软管，如图 1-45 所示。

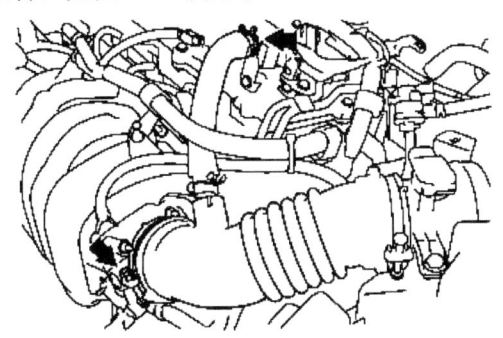

图 1-45 非线性节气门位置传感器的安装 3

③ 连接两个卡夹，如图 1-46 所示。

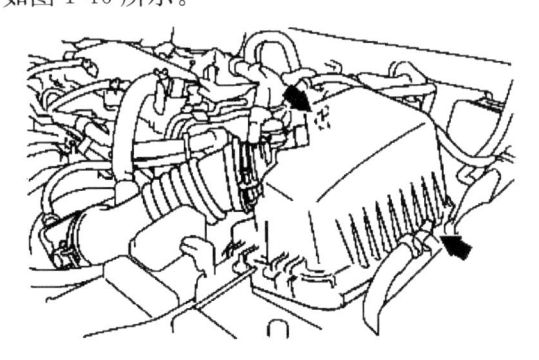

图 1-46 非线性节气门位置传感器的安装 4

④ 连接质量空气流量计连接器。
5) 安装 2 号汽缸盖罩。

6) 添加发动机冷却液。

7) 检查冷却液是否泄漏。

2. 操作步骤

节气门位置传感器的检修步骤如表 1-15 所示。

表 1-15 节气门位置传感器的检修步骤

故障名称	检查内容	检查记录	提示语
节气门位置传感器故障	安装车轮挡块	安装完毕	
	安装尾气抽排管	尾气抽排管安装完毕	
	安装驾驶室三件套	三件套安装完毕	
	铺上翼子板布、前盖布	防护垫安装完毕	
	拆下发动机隔音板	拆卸完毕	
	拆下发动机水箱盖板	拆卸完毕	
	查看发动机冷却液	液面正常	
	查看发动机机油	液面正常	
	安装 IT－Ⅱ 诊断仪	故障码显示 P0120 或 P0121	点火开关 ON
	清除故障码	故障码显示 P0120 或 P0121	
	读取数据流	数据流显示	
	检查节气门位置传感器的安装	节气门位置传感器端子连接牢固可靠	
	拆下节气门位置传感器插头,测量 VC－E2 端子的电压	显示电压值 4.5～5.5 V,正常	插拔接头前点火开关 OFF
	测量 B25（5、6、4、3）－B31（67、115、114、91）端子的电阻	显示电阻值小于 1 Ω,正常	
	测量 B25（5、6、4,）或 B31（67、115、114）车身搭铁端的电阻	显示电阻值 10 kΩ 或更大,正常	
	安装新节气门体及插头	新传感器安装完毕	
	安装 IT－Ⅱ 诊断仪	故障码显示 P0120 或 P0121	点火开关 ON
	清除故障码	显示无故障码	
	读取数据流	数据流显示	
	收回车轮挡块	车轮挡块已收	
	收回尾气抽排管	尾气抽排管已收	
	收回翼子板布、前盖布	翼子板布、前盖布已收	
	收回三件套	三件套已收	
	关车门,将钥匙放回工具车	整理工作结束	

续表

故障名称	检查内容	检查记录	提示语
节气门位置传感器线束故障	安装车轮挡块	安装完毕	
	安装尾气抽排管	尾气抽排管安装完毕	
	安装驾驶室三件套	三件套安装完毕	
	铺上翼子板布、前盖布	防护垫安装完毕	
	拆下发动机隔音板	拆卸完毕	
	拆下发动机水箱盖板	拆卸完毕	
	查看发动机冷却液	液面正常	
	查看发动机机油	液面正常	
	安装 IT－Ⅱ 诊断仪	故障码显示 P0122 或 P0123	点火开关 ON
	清除故障码	故障码显示 P0122 或 P0123	
	读取数据流	数据流显示	
	检查节气门位置传感器的安装	节气门位置传感器端子连接牢固可靠	
	拆下节气门位置传感器插头，测量 VC－E2 端子的电压	显示电压值 0 V，异常	插拔接头前点火开关 OFF
	测量 B25（5、6、4、3）－B31（67、115、114、91）端子的电阻	B25（5）－B31（67）端子电阻显示电阻值∞，说明线束断路故障	先拆蓄电池负极
	更换线束，重新测量新线束 B25（5）端子与线束电脑端 B31（67）端子的电阻，线束 2 号端子与线束电脑端 42 端子的电阻	显示电阻 0.5 Ω，正常	
	安装新线束插头	新线束安装完毕	接好蓄电池负极
	安装 IT－Ⅱ 诊断仪	故障码显示 P0122 或 P0123	点火开关 ON
	清除故障码	显示无故障码	
	读取数据流	数据流显示	
	收回车轮挡块	车轮挡块已收	
	收回尾气抽排管	尾气抽排管已收	
	收回翼子板布、前盖布	翼子板布、前盖布已收	
	收回三件套	三件套已收	
	关车门，将钥匙放回工具车	整理工作结束	

续表

故障名称	检查内容	检查记录	提示语
节气门位置传感器复合故障	安装车轮挡块	安装完毕	
	安装尾气抽排管	尾气抽排管安装完毕	
	安装驾驶室三件套	三件套安装完毕	
	铺上翼子板布、前盖布	防护垫安装完毕	
	拆下发动机隔音板	拆卸完毕	
	拆下发动机水箱盖板	拆卸完毕	
	查看发动机冷却液	液面正常	
	查看发动机机油	液面正常	
	安装IT—Ⅱ诊断仪	故障码显示 P0222 或 P0223	点火开关 ON
	清除故障码	故障码显示 P0222 或 P0223	
	读取数据流	数据流显示	
	检查节气门位置传感器的安装	节气门位置传感器端子连接牢固可靠	
	拆下节气门体执行器插头，测量执行器1—2端子的电阻	显示电阻值∞，说明执行器损坏故障	插拔接头前点火开关OFF
	更换节气门体执行器，重新测量执行器1—2端子的电阻	显示电阻值10Ω，正常	
	安装新节气门体及插头	新传感器安装完毕	
	安装IT—Ⅱ诊断仪	故障码显示 P0222 或 P0223	点火开关 ON
	清除故障码	故障码显示 P0222 或 P0223	
	读取数据流	数据流显示	
	测量 B25（5、6、4、3）—B31（67、115、114、91）端子的电阻	B25（5）—B31（67）端子电阻显示电阻值∞，说明线束断路故障	先拆蓄电池负极
	更换线束，重新测量新线束1号端子与线束电脑端41端子的电阻，线束2号端子与线束电脑端42端子的电阻	显示电阻0.5Ω，正常	
	安装新线束插头	新线束安装完毕	接好蓄电池负极
	安装IT—Ⅱ诊断仪	故障码显示 P2102	点火开关 ON
	清除故障码	显示无故障码	
	读取数据流	数据流显示	
	收回车轮挡块	车轮挡块已收	
	收回尾气抽排管	尾气抽排管已收	
	收回翼子板布、前盖布	翼子板布、前盖布已收	
	收回三件套	三件套已收	
	关车门，将钥匙放回工具车	整理工作结束	

二、任务实施与考核

节气门位置传感器检修的任务实施与考核如表 1-16 所示。

表 1-16 节气门位置传感器检修的任务实施与考核

车辆信息	整车型号		
	车辆识别代码		
	发动机型号		
故障描述			
项目		任务实施记录内容	备注
一、前期准备			
二、安全检查			
三、仪器连接			
四、故障现象确认			
五、故障代码检查			
六、正确读取数据和清除故障码（当定格数据和动态数据中不存在反映故障码特征的相关数据时，应填写"无"）		1. 定格数据记录（只记录故障发生时的数据帧内容）包括： （1）基本数据； （2）定格数据中除基本数据外的反映故障码特征的相关数据。 2. 与故障码特征相关的动态数据记录。 3. 清除故障码。 4. 确认故障码是否再次出现，并填写结果	
七、确定故障范围		根据上述检查进行判断并填写可能的故障范围	
八、基本检查			
九、部件测试		对被怀疑的部件进行部件测试。 需注明元件名称/插接件代码、针脚编号和测量结果	
十、电路测量		对被怀疑的线路进行测量，需注明插件代码和编号，控制单元针脚代号以及测量结果	
十一、故障部位确认和排除		根据上述的所有检测结果，确定故障内容并注明： 1. 确定的故障。 2. 故障点的排除处理说明	
十二、维修结果确认（表中项目检查有内容时填写检查结果，如果没有时填写"无"）		1. 维修后故障代码读取，并填写读取结果。 2. 与原故障码相关的动态数据检查结果。 3. 维修后的功能确认并填写结果	
十三、现场恢复			

任务四　怠速控制阀的结构原理与检修

学习目标

1. 正确描述怠速控制阀的作用、结构及工作原理。
2. 正确使用检测仪器，对怠速控制阀进行检修。
3. 注意培养环保、安全意识及团队协合能力。

任务引入

一辆丰田轿车，打开仪表盘点火开关至启动挡，启动后起动机持续声响，发动机怠速运转不稳，忽高忽低，起步有游车感，故障灯亮。

此故障现象说明汽车发动机怠速故障现象明显，一般都是由进气供给系统部件异常造成，考虑到怠速控制系统部件对怠速的影响，故先考虑怠速控制系统部件。因故障灯亮，这类故障大多为怠速控制阀故障，所以我们先学习怠速控制阀的相关知识。

相关知识

一、怠速控制阀的作用

当发动机怠速运转时，由于空调压缩机、动力转向助力泵、发电机等负载的变化会引起怠速转速发生波动，因此需要对发动机怠速转速进行调整。怠速控制阀 ISCV 的功用就是通过调节发动机怠速时的进气量来调节怠速转速。

二、怠速控制阀的分类和结构原理

发动机怠速时进气量的控制方式有节气门直接控制式和节气门旁通空气道控制式两种，前者是直接操纵节气门来调节进气量，简称节气门直动式；后者是通过控制节气门旁通空气道的开度来调节进气量，简称旁通空气式，控制原理如图 1-47 所示。桑塔纳 2000GLi、别克世纪型轿车和切诺基吉普车采用旁通空气式，桑塔纳 2000GSi、桑塔纳 3000 型、捷达 AT、捷达 GTX 型轿车采用节气门直动式。

怠速控制阀安装在发动机节气门体上或节气门体附近。燃油喷射系统采用的怠速控制阀分为步进电机式、脉冲电磁阀式和真空阀式三种。目前燃油喷射系统大多采用步进电机式或脉冲电磁阀式，真空阀式仅 20 世纪 80 年代生产的丰田、日产轿车使用。国产桑塔纳

GLi 和桑塔纳 2000GLi、奥迪 100 和奥迪 200 轿车以及美国别克世纪型轿车采用了脉冲电磁阀式怠速控制阀，桑塔纳 2000GSi、桑塔纳 3000 型、捷达 AT、捷达 GTX 型轿车、切诺基吉普车等采用了步进电机式怠速控制阀。

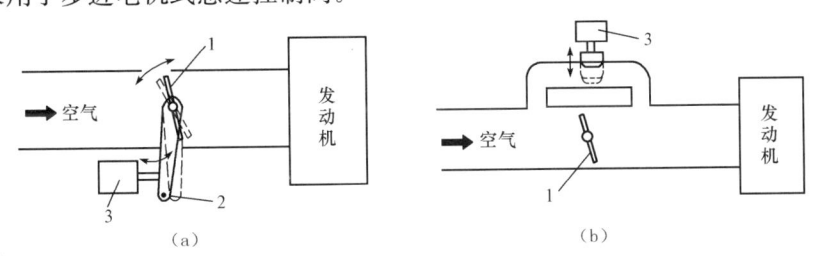

图 1-47 怠速空气量的控制方式
(a) 节气门直动式；(b) 旁通空气式
1—节气门；2—节气门操纵臂；3—怠速控制阀

1. 永磁转子步进电机式怠速控制阀

步进电机是一种由脉冲信号控制其转动方向和转动角度的电动机。利用同性相斥、异性相吸的原理即可使转子步进旋转。

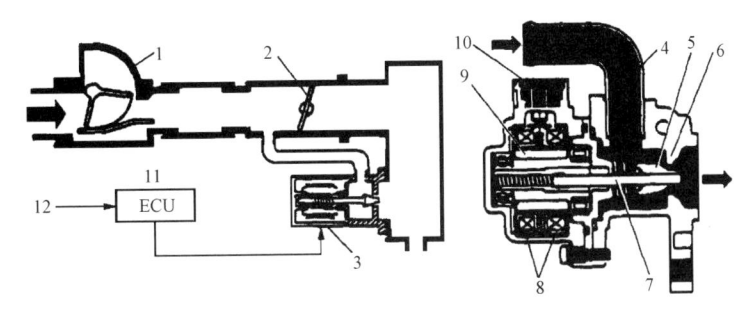

(1) 永磁转子步进电机式怠速控制阀的结构

永磁转子步进电机式怠速控制阀由步进电机、螺旋机构、阀芯、阀座等组成，如图 1-48 所示。

图 1-48 永磁转子步进电机式怠速控制阀的结构
1—空气流量传感器；2—节气门；3—怠速控制阀；4—旁通空气道；5—阀芯；6—阀座；
7—螺杆；8—定子绕组；9—永磁转子；10—线束插座；11—电子控制器；12—传感器信号

永磁转子步进电机的结构与其他电动机一样，由永磁转子、定子绕组等组成。其功用是产生驱动力矩。螺旋机构的作用是将步进电机的旋转运动变换为往复运动，由螺杆（又称为丝杠）和螺母组成。螺母与步进电机的转子制成一体，螺杆的一端制有螺纹，另一端固定有阀芯，螺杆与阀体之间由滑动花键连接，只能沿轴做直线移动，不能做旋转运动。

当步进电机的转子转动时，螺母将带动螺杆做轴向移动。转子转动一圈，螺杆移动一个螺距。因为阀芯与螺杆固定连接，所以螺杆将带动阀芯开大或关小阀门开度。ECU 通过控制步进电机的转动方向和转动角度来控制螺杆的移动方向与移动距离，从而达到控制怠速阀开度、调整怠速转速的目的。

(2) 永磁转子式步进电机的基本结构与步进原理

永磁转子式步进电机的转子是一个具有 N 极和 S 极的永久磁铁，定子有两相独立的绕组，如图 1-49（a）所示。当从 B_1 到 B 向绕组输入一个电脉冲信号时，绕组产生一个磁场，磁力同性相斥、异性相吸的原理作用使转子 S 极在右、N 极在左。

当从 B_1 到 B 输入的脉冲信号消失后，再从 A 到 A_1 向绕组输入另一个脉冲信号，绕组产生一个磁场，N 极在上、S 极在下，如图 1-49①所示。在同性相斥、异性相吸的原理作用下，转子就会沿逆时针方向转动 90°，如图 1-49②所示。

当从 A 到 A_1 输入的脉冲信号消失后，再从 B 到 B_1 向绕组输入另一个脉冲信号，绕组产生磁场，N 极在左、S 极在右，如图 1-49②所示。在同性相斥、异性相吸的原理作用下，转子就会沿逆时针方向转动 90°，如图 1-49③所示。

当从 B 到 B_1 输入的脉冲信号消失后，再从 A_1 到 A 向绕组输入另一个脉冲信号，绕组产生磁场，N 极在下、S 极在上，如图 1-49③所示。在同性相斥、异性相吸的原理作用下，转子就会沿逆时针方向转动 90°，如图 1-49④所示。

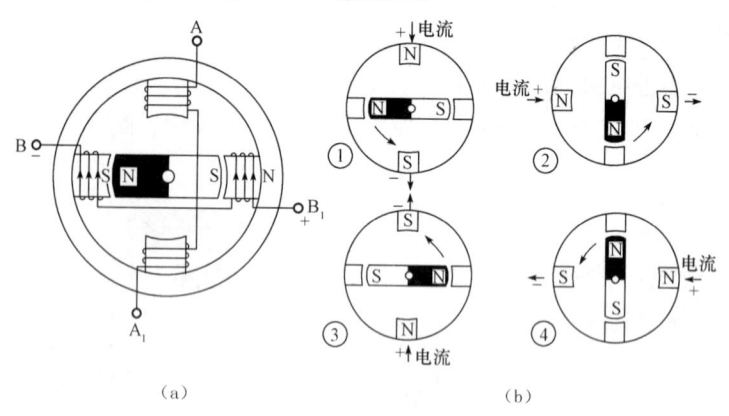

图 1-49　永磁转子式步进电机的基本结构与步进原理

(a) 结构；(b) 逆时方向步进转动

如果依次按 B_1—B、A—A_1、B—B_1、A_1—A 的顺序向绕组输入 4 个脉冲信号，如图 1-50（a）所示，电机就会沿逆时针方向转动一圈，如图 1-49（b）所示。同理，如果依次按 B_1—B、A_1—A、B—B_1、A—A_1 的顺序向绕组输入 4 个脉冲信号，如图 1-50 所示，电机就会沿顺时针方向转动一圈。

(3) 步进角

输入脉冲信号使电机转动的角度，称为步进电机的步进角。步进电机定子爪极越多，步进角越小，转角的控制精度就越高，所需定子绕组的数量和控制脉冲的组数就越多。步进电机的转速取决于控制脉冲的频率，频率越高，转速越快。

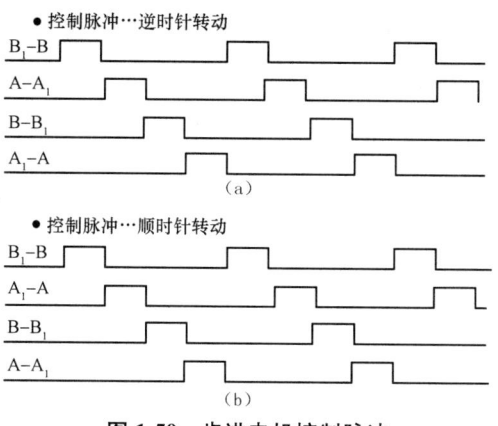

图 1-50 步进电机控制脉冲

(a) 逆时针步进转动控制脉冲；(b) 顺时针步进转动控制脉冲

常用步进电机的步进角有 30°、15°、11.25°、7.5°、3.75°、2.5°、1.8°等。如丰田皇冠 3.0 型轿车 2JZ-GE 发动机采用的永磁式步进电机，其转子设有 8 对磁极，定子设有 32 个爪极，转子转动一圈前进 32 步，步进角为 11.25°，该步进电机的工作范围为 0～125 步（大约转动 4 圈），工作电路如图 1-51 所示。

奥迪 200 轿车用永磁转子式步进电机设有两个线圈，转子每转一圈需要步进 24 步，每步进一步约需 4 ms，步进角为 15°，该步进电机的工作范围为 0～128 步（大约转动 5.3 圈）。

2. 永磁磁极步进电机式怠速控制阀

(1) 永磁磁极步进电机式怠速控制阀的结构特点

永磁磁极步进电机式怠速控制阀又称为旋转滑阀式怠速控制阀。奥迪 100 型轿车采用过这种怠速控制阀，结构如图 1-52 所示，主要由旁通空气阀和永磁式步进电机组成。旁通空气阀固定在步进电机的电枢轴上，在步进电机驱动下，可在限定的 90°转角范围内转动，以改变旁通空气道开启面积的大小来增减旁通进气量。

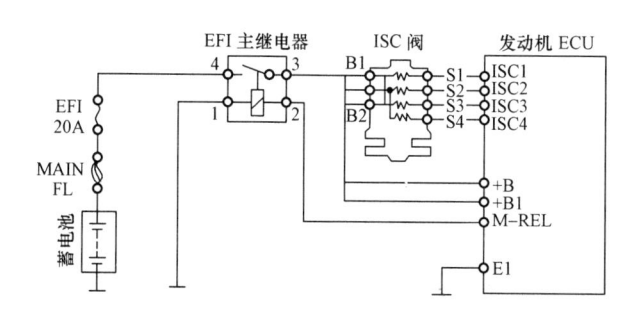

图 1-51 丰田皇冠 3.0 型轿车步进电机的工作电路

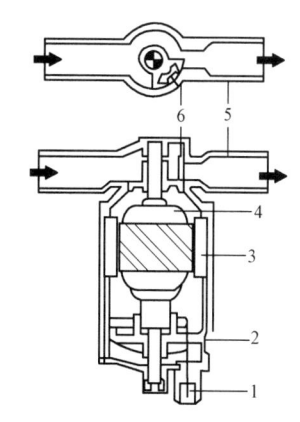

图 1-52 永磁磁极步进电机式怠速控制阀的结构

1—插座；2—壳体；3—永磁磁极；4—电枢；5—旁通空气道；6—旋转滑阀

步进电机的磁极用永久磁铁制成，两块磁极用U形钢丝弹性固定在电机壳体内壁上。电枢由电枢铁芯、两个线圈、换向器和电枢轴组成。换向器由三块铜片围合而成，分别与三只电刷接触，电刷引线连接到控制阀的接线插座上，三线插座通过线束与ECU连接。

(2) 永磁磁极步进电机式怠速控制阀步进原理

步进电机与ECU的连接情况如图1-53所示。线圈L_1与ECU内部的三极管T_1连接，脉冲控制信号经过反向器加到T_1的基极；线圈L_2与ECU内部的三极管T_2连接，脉冲控制信号直接加到T_2的基极，因此，当脉冲信号的高电平到来时，三极管T_1截止、T_2导通，线圈L_1断电、L_2通电，步进电机将顺时针转动；反之，当脉冲信号的低电平到来时，三极管T_1导通、T_2截止，线圈L_1通电、L_2断电，步进电机将逆时针转动。线圈L_1称为逆转线圈，当其接通电流时，电枢带动滑阀沿逆时针方向旋转，旁通空气道开启面积减小；线圈L_2称为顺转线圈，当其接通电流时，电枢带动滑阀沿顺时针方向旋转，旁通空气道开启面积增大。由于这种怠速控制阀的转角范围限定在90°以内，步进电机的步进角必须很小才能满足旁通进气量控制精度的要求，因此采用了控制占空比的方法来控制步进电机顺转或逆转。

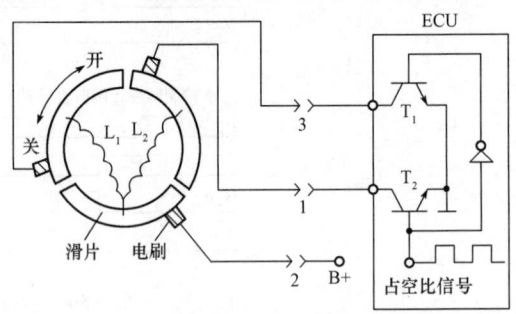

图1-53 永磁磁极式步进电机的工作电路

3. 脉冲电磁阀式怠速控制阀

(1) 脉冲电磁阀式怠速控制阀的结构特点

脉冲电磁阀式怠速控制阀的结构与普通电磁阀基本相同，具有结构简单、成本低廉、工作可靠等优点。因此采用的车型越来越多，国产奥迪轿车就采用了这种怠速控制阀。

脉冲电磁阀式怠速控制阀的结构如图1-54所示，主要由电磁线圈、复位弹簧、阀芯、阀座、固定铁芯、活动铁芯、进气口和出气口等组成。阀芯固定在阀杆上，阀杆一端与固定铁芯连接，另一端设置有复位弹簧。进气口与节气门前端的进气管相通，出气口与节气门后端的进气管相通。

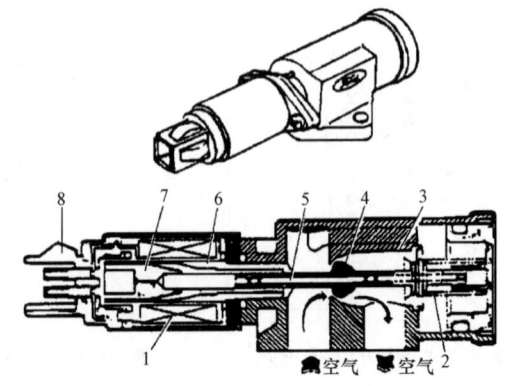

图1-54 脉冲电磁阀式怠速控制阀的结构

1—线圈；2—复位弹簧；3—阀座；4—阀芯；5—阀杆；6—固定铁芯；7—活动铁芯；8—插座

(2) 脉冲电磁阀式怠速控制阀的控制原理

电磁线圈接通电流时就会产生电磁吸力。当线圈产生的电磁吸力超过复位弹簧的弹力时，动铁心在电磁吸力的作用下就会向固定铁芯方向移动，同时通过阀杆带动阀芯向右移动，使阀芯离开阀座将旁通空气道开启。当电磁线圈断电时，活动铁芯与阀芯在复位弹簧弹力的作用下左移复位，将旁通空气道关闭。

旁通空气道开启与关闭的时间由 ECU 发出的占空比信号控制。发动机工作时，ECU 根据怠速转速高低，向脉冲电磁阀发出频率相同而占空比不同的控制脉冲信号，通过改变阀芯开启与关闭时间来调节旁通进气量。

占空比在 0~100% 之间的范围内变化。当怠速转速过低时，ECU 将自动增大占空比，使电磁线圈通电时间增长，断电时间缩短，阀门开启时间增长，旁通进气量增多，怠速转速将升高，防止怠速转速过低而导致发动机熄火。反之，当怠速转速过高时，ECU 将减小占空比，使电磁线圈通电时间缩短，断电时间增长，阀门开启时间缩短，旁通进气量减少，怠速转速将降低。

任务实施与考核

一、技能学习

1. 查找相关技术资料

（1）节气门体的拆卸

1）排尽发动机冷却液。

2）拆下 2 号汽缸盖罩。

3）拆下空气滤清器盖分总成，如图 1-55 所示。

①断开质量空气流量计连接器。

②断开两个卡夹。

③断开箍带和通风软管，并拆下空气滤清器盖分总成，如图 1-56 所示。

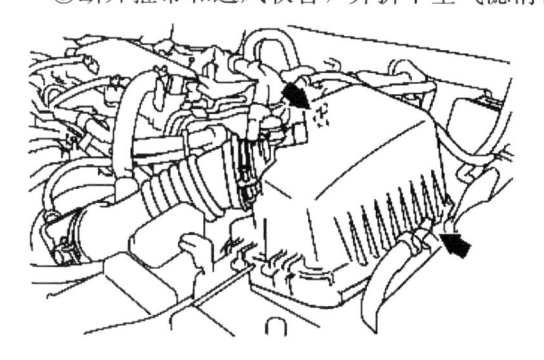

图 1-55　节气门体的拆卸 1　　　　图 1-56　节气门体的拆卸 2

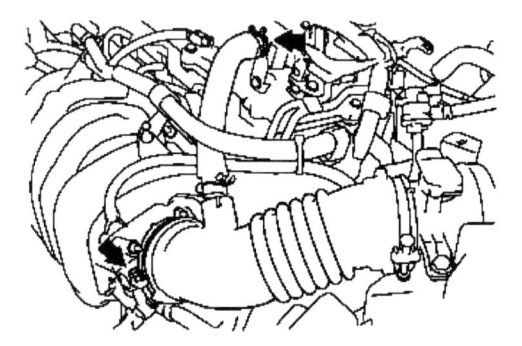

4) 拆卸节气门体总成：

①断开连接器和两根水软管，如图 1-57 所示。

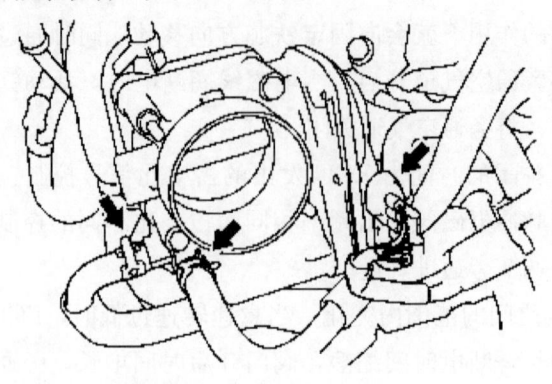

图 1-57 节气门体的拆卸 3

②拆下两个螺栓、两个螺母和节气门体，如图 1-58 所示。
③拆下衬垫。

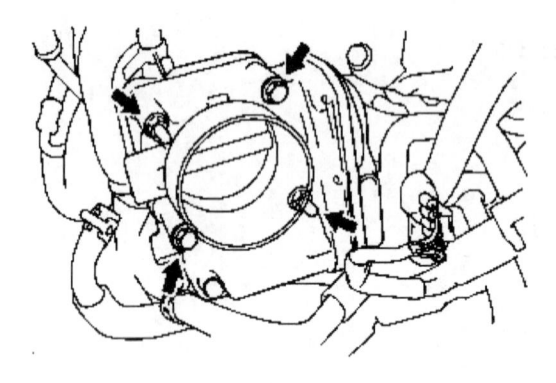

图 1-58 节气门体的拆卸 4

(2) 检查节气门体

根据表 1-17，参考图 1-59，使用数字万用表测量电阻。

表 1-17 标准电阻

检测仪链接	条件	规定状态
1 (M−) −2 (M+)	20℃ (68°F)	0.3~100 Ω

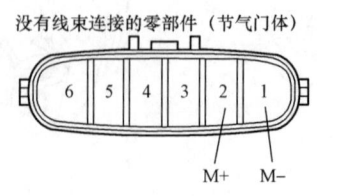

没有线束连接的零部件（节气门体）

图 1-59 测量节气门体电阻

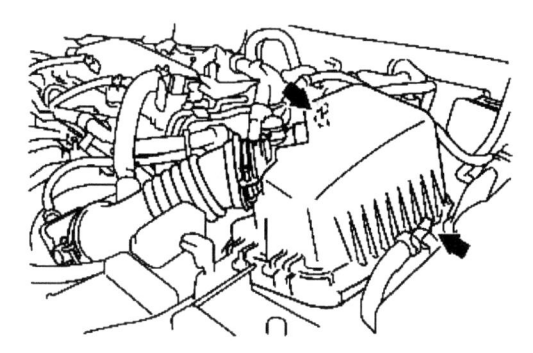

（3）节气门体总成的安装

1）将新衬垫安装至进气歧管。

2）用两个螺栓和两个螺母安装节气门体，如图 1-60 所示，扭矩为 10 N·m。

3）连接连接器和两根水管，如图 1-61 所示。

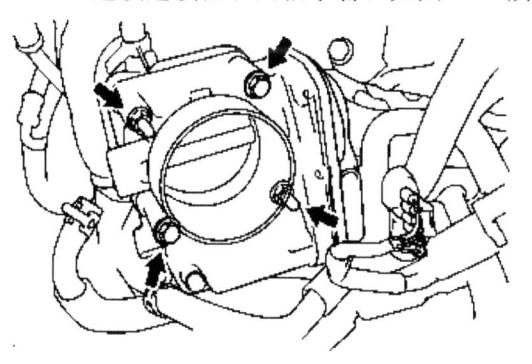

图 1-60　节气门体总成的安装 1

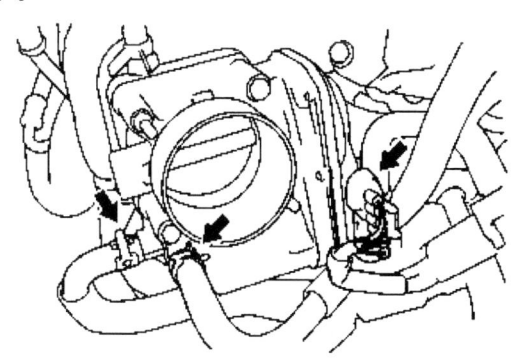

图 1-61　节气门体总成的安装 2

4）安装空气滤清器盖分总成：

①安装空气滤清器盖分总成。

②用箍带连接通风软管，如图 1-62 所示。

③连接两个卡夹，如图 1-63 所示。

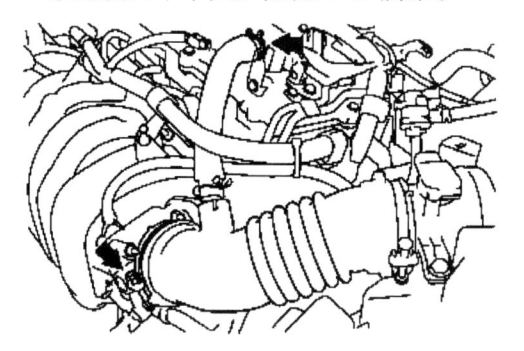

图 1-62　节气门体总成的安装 3

图 1-63　节气门体总成的安装 4

④连接质量空气流量计连接器。

5）安装 2 号汽缸盖罩。

6）添加发动机冷却液。

7）检查冷却液是否泄漏。

2. 操作步骤

节气门体位置执行器的检修步骤如表 1-18 所示。

表 1-18　节气门体位置执行器的检修步骤

故障名称	检查内容	检查记录	提示语
节气门体位置执行器故障	安装车轮挡块	安装完毕	
	安装尾气抽排管	尾气抽排管安装完毕	
	安装驾驶室三件套	三件套安装完毕	
	铺上翼子板布、前盖布	防护垫安装完毕	
	拆下发动机隔音板	拆卸完毕	
	拆下发动机水箱盖板	拆卸完毕	
	查看发动机冷却液	液面正常	
	查看发动机机油	液面正常	
	安装 IT-Ⅱ诊断仪	故障码显示 P0505	点火开关 ON
	清除故障码	故障码显示 P0505	
	读取数据流	数据流显示	
	检查节气门体执行器的安装	执行器端子连接牢固可靠	
	拆下节气门体执行器插头，测量执行器 1-2 端子的电阻	显示电阻值∞，说明执行器损坏故障	插拔接头前点火开关 OFF
	更换节气门体执行器，重新测量执行器 1-2 端子的电阻	显示电阻值 10 Ω，正常	
	安装新节气门体及插头	新传感器安装完毕	
	安装 IT-Ⅱ诊断仪	故障码显示 P0505	点火开关 ON
	清除故障码	显示无故障码	
	读取数据流	数据流显示	
	收回车轮挡块	车轮挡块已收	
	收回尾气抽排管	尾气抽排管已收	
	收回翼子板布、前盖布	翼子板布、前盖布已收	
	收回三件套	三件套已收	
	关车门，将钥匙放回工具车	整理工作结束	

续表

故障名称	检查内容	检查记录	提示语
节气门体位置执行器线束故障	安装车轮挡块	安装完毕	
	安装尾气抽排管	尾气抽排管安装完毕	
	安装驾驶室三件套	三件套安装完毕	
	铺上翼子板布、前盖布	防护垫安装完毕	
	拆下发动机隔音板	拆卸完毕	
	拆下发动机水箱盖板	拆卸完毕	
	查看发动机冷却液	液面正常	
	查看发动机机油	液面正常	
	安装 IT－Ⅱ诊断仪	故障码显示 P0505	点火开关 ON
	清除故障码	故障码显示 P0505	
	读取数据流	数据流显示	
	检查节气门体执行器的安装	执行器端子连接牢固可靠	
	拆下节气门体执行器插头，测量执行器 1－2 端子的电阻	显示电阻值 10 Ω，正常	插拔接头前点火开关 OFF
	拆下线束电脑端插头，测量线束 1 号端子与线束电脑端 41 端子的电阻，线束 2 号端子与线束电脑端 42 端子的电阻	显示电阻值 ∞，说明线束断路故障	先拆蓄电池负极
	更换线束，重新测量新线束 1 号端子与线束电脑端 41 端子的电阻，线束 2 号端子与线束电脑端 42 端子的电阻	显示电阻 0.5 Ω，正常	
	安装新线束插头	新线束安装完毕	接好蓄电池负极
	安装 IT－Ⅱ诊断仪	故障码显示 P0505	点火开关 ON
	清除故障码	显示无故障码	
	读取数据流	数据流显示	
	收回车轮挡块	车轮挡块已收	
	收回尾气抽排管	尾气抽排管已收	
	收回翼子板布、前盖布	翼子板布、前盖布已收	
	收回三件套	三件套已收	
	关车门，将钥匙放回工具车	整理工作结束	

续表

故障名称	检查内容	检查记录	提示语
节气门体位置执行器复合故障	安装车轮挡块	安装完毕	
	安装尾气抽排管	尾气抽排管安装完毕	
	安装驾驶室三件套	三件套安装完毕	
	铺上翼子板布、前盖布	防护垫安装完毕	
	拆下发动机隔音板	拆卸完毕	
	拆下发动机水箱盖板	拆卸完毕	
	查看发动机冷却液	液面正常	
	查看发动机机油	液面正常	
	安装IT-Ⅱ诊断仪	故障码显示 P0505	点火开关 ON
	清除故障码	故障码显示 P0505	
	读取数据流	数据流显示	
	检查节气门体执行器的安装	执行器端子连接牢固可靠	
	拆下节气门体执行器插头,测量执行器1-2端子的电阻	显示电阻值∞,说明执行器损坏故障	插拔接头前点火开关OFF
	更换节气门体执行器,重新测量执行器1-2端子的电阻	显示电阻值10Ω,正常	
	安装新节气门体及插头	新传感器安装完毕	
	安装IT-Ⅱ诊断仪	故障码显示 P0505	点火开关 ON
	清除故障码	故障码显示 P0505	
	读取数据流	数据流显示	
	拆下线束电脑端插头,测量线束1号端子与线束电脑端41端子的电阻,线束2号端子与线束电脑端42端子的电阻	显示电阻值∞,说明线束断路故障	先拆蓄电池负极
	更换线束,重新测量新线束1号端子与线束电脑端41端子的电阻,线束2号端子与线束电脑端42端子的电阻	显示电阻0.5Ω,正常	
	安装新线束插头	新线束安装完毕	接好蓄电池负极
	安装IT-Ⅱ诊断仪	故障码显示 P0505	点火开关 ON
	清除故障码	显示无故障码	
	读取数据流	数据流显示	
	收回车轮挡块	车轮挡块已收	
	收回尾气抽排管	尾气抽排管已收	
	收回翼子板布、前盖布	翼子板布、前盖布已收	
	收回三件套	三件套已收	
	关车门,将钥匙放回工具车	整理工作结束	
	安装车轮挡块	安装完毕	

二、任务实施与考核

节气门体位置执行器检修的任务实施与考核如表 1-19 所示。

表 1-19　节气门体位置执行器检修的任务实施与考核

车辆信息	整车型号		
	车辆识别代码		
	发动机型号		
故障描述			
项目	任务实施记录内容		备注
一、前期准备			
二、安全检查			
三、仪器连接			
四、故障现象确认			
五、故障代码检查			
六、正确读取数据和清除故障码（当定格数据和动态数据中不存在反映故障码特征的相关数据时，应填写"无"）	1. 定格数据记录（只记录故障发生时的数据帧内容）包括： （1）基本数据； （2）定格数据中除基本数据外的反映故障码特征的相关数据。 2. 与故障码特征相关的动态数据记录。 3. 清除故障码。 4. 确认故障码是否再次出现，并填写结果		
七、确定故障范围	根据上述检查进行判断并填写可能的故障范围		
八、基本检查			
九、部件测试	对被怀疑的部件进行部件测试。 需注明元件名称/插接件代码、针脚编号和测量结果		
十、电路测量	对被怀疑的线路进行测量，需注明插件代码和编号，控制单元针脚代号以及测量结果		
十一、故障部位确认和排除	根据上述的所有检测结果，确定故障内容并注明： 1. 确定的故障。 2. 故障点的排除处理说明		
十二、维修结果确认（表中项目检查有内容时填写检查结果，如果没有时填写"无"）	1. 维修后故障代码读取，并填写读取结果。 2. 与原故障相关的动态数据检查结果。 3. 维修后的功能确认并填写结果		
十三、现场恢复			

任务五　喷油器的结构原理与检修

学习目标

1. 正确描述喷油器的作用、结构及工作原理。
2. 正确使用检测仪器，对喷油器计进行检修。
3. 注意培养环保、安全意识及团队协合能力。

任务引入

一辆通用雪佛兰轿车，打开仪表盘点火开关至启动挡，无法启动车辆，起动机工作正常，初步检查点火系统正常，故障灯未亮。

汽车发动机不能启动的情况通常与油和电的供应有关，其次与气有关。该车起动机工作正常，又检查了点火系统，并且也无异常，我们应对燃油供给系统进行检测和维修。如果正常，再进行气压检测。下面我们学习燃油供给系统主要部件的相关知识。

相关知识

一、电动燃油泵

1. 电动燃油泵的功用

电子控制燃油喷射系统均采用电动燃油泵，其功用是向喷油器提供油压高于进气歧管压力 250～300 kPa 的燃油。因为燃油是从油箱内泵出，经压缩或动量转换将油压提高后，经再输油管送到喷油器，所以油泵的最高输出油压需要 450～600 kPa，其供油量比发动机最大耗油量大得多，多余的汽油将从回油管返回油箱。

燃油泵设计供油量大于发动机耗油量的目的有两个：一是防止发动机供油不足；二是燃油流动量增大可以散发供油系统的热量，从而防止油路产生气阻。

2. 电动燃油泵的分类

按燃油泵结构不同，电动燃油泵可分为滚柱式、叶片式、齿轮式、涡轮式和侧槽式五种。目前常用的有滚柱式、叶片式和齿轮式三种油泵。桑塔纳 GLi、桑塔纳 2000GLi 型轿车采用由德国博世公司生产的由低压叶片泵和高压齿轮泵组成的 EKP10 型双级电动燃油泵；红旗 CA7200E 型轿车采用齿轮式电动燃油泵。

按燃油泵安装方式不同，电动燃油泵可分为外装式和内装式两种。外装式电动燃油泵安装在燃油箱外的输油管路中，内装式电动燃油泵安装在燃油箱内。目前，大多数汽车都采用内装式燃油泵。与外装式油泵相比，内装式油泵不易产生气阻和泄漏，有利于燃油输送和电动机冷却，且噪声较小。

3. 电动燃油泵的组成

电动燃油泵的结构如图 1-64 所示，主要由永磁式直流电动机、油泵、限压阀、单向阀和泵壳等组成，电动机由永久磁铁、电枢、换向器和电刷等组成，油泵由泵转子和泵体组成。泵转子固定在电动机轴上，随电动机转动而转动。

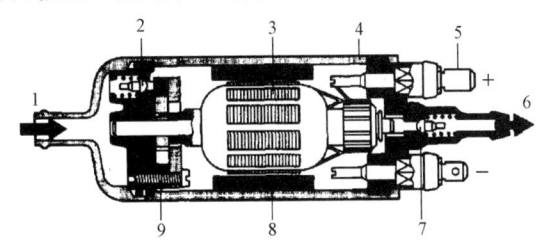

图 1-64 电动燃油泵的结构

1—进油口；2—限压阀；3—电枢；4—泵体；5—接线插头；6—出油口；7—单向阀；8—永久磁铁；9—泵体

当点火开关接通时，直流电动机电路接通，电枢受电磁力的作用而开始转动，泵转子便随电动机一同转动，将燃油从油箱，经输油管和进油口泵入燃油泵。当油泵内油压超过单向阀处弹簧压力时，燃油便从出油口经输油管泵入供油总管，再分配给各个喷油器。

当油泵停止工作时，在油泵出口单向阀处弹簧压力作用下，单向阀将阻止汽油回流，使供油系统中保存的燃油具有一定压力，以便发动机再次启动。

当油泵中的燃油压力超过规定值（一般为 320 kPa）时，油压克服泵体上限压阀弹簧的压力将限压阀顶开，部分汽油返回到进油口一侧，使油压不致过高而损坏油泵。点火开关一旦接通，电动燃油泵就会工作 1～2 s。此时，如果发动机转速高于 30 r/min，电动燃油泵才连续运转；如果发动机转速低于 30 r/min，那么即使点火开关接通，电动燃油泵也会停止运转。

4. 滚柱式电动燃油泵的结构特点

滚柱泵主要由泵转子、泵体和滚柱组成，结构如图 1-65 所示。电动机的电枢轴较长，泵转子偏心地压装在电枢轴上，随电动机一同转动。泵转子周围制作有齿缺，滚柱安放在齿缺与泵体之间的空腔内。泵体用螺钉固定在一起，安放在泵壳内，泵体侧面制作有进油口和出油口。泵转子与泵体的径向和轴向都制作有很小的间隙，以便泵转子能够灵活转动。

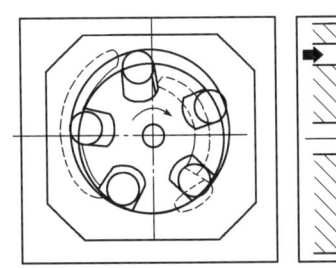

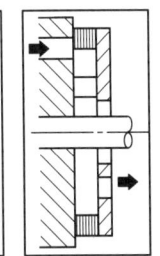

图 1-65 滚柱泵的结构与原理

滚柱式电动燃油泵的工作原理是利用容积变化来输送燃油。当电枢旋转时，泵转子随之一同旋转，泵转子齿缺内的滚柱在离心力的作用下，就会紧压在泵体内表面上并随泵转子旋转而产生滑转，在两个相邻滚柱以及泵转子和泵体之间便形成一个密封的腔室。由于泵转子偏心地安装在电枢轴上，因此当泵转子旋转时，密封腔室的容积就会发生变化（图中左侧腔室的容积增大，右侧腔室的容积减小）。

在密封腔室容积增大一侧的泵体侧面设有进油口，在容积减小一侧的泵体侧面设有出油口。这样，在泵转子旋转过程中，泵体进油口处腔室的容积不断增大，形成低压油腔，将燃油吸入泵体，而泵体出油口处腔室的容积不断减小，形成高压油腔，从而将燃油压出泵体流向电动机，使电动机得到冷却。当电枢周围泵壳内的燃油增多，油压高于燃油泵出油口单向阀弹簧的压力时，燃油便从出油口经输油管输送到喷油器。

5. 齿轮式电动燃油泵的结构特点

齿轮式电动燃油泵的结构特点如图 1-66 所示，主要由内齿轮、外齿轮和泵体组成，工作原理与滚柱泵相同，也是利用容积大小发生变化来输送燃油。当电动机旋转时，内齿轮旋转并与外齿轮啮合，使泵腔容积发生变化，容积增大一侧将燃油吸入，容积减小一侧将燃油压出。

6. 叶片式电动燃油泵的结构特点

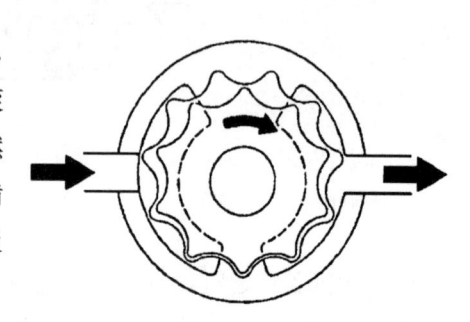

图 1-66 齿轮泵的结构与原理

滚柱式电动燃油泵泵油压力脉动大、运转噪声大、使用寿命短。目前，电控发动机燃油喷射系统趋向于采用平板叶片式电动燃油泵，简称叶片泵，其结构与滚柱式电动燃油泵相似，如图 1-67 所示，主要由平板叶片转子与泵体组成。叶片泵与滚柱泵不同的是其转子是一块圆形平板，在平板的圆周上制有小槽，叶片上的小槽与泵体之间的空间便形成泵油腔室。

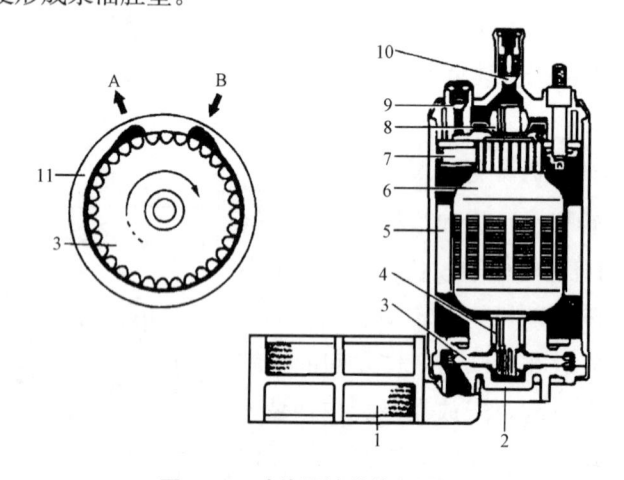

图 1-67 叶片泵的结构与原理

1—滤网；2—橡胶缓冲垫；3—平板叶片转子；4、8—轴承；5—永久磁铁；6—电枢；
7—电刷；9—限压阀；10—单向阀；11—泵体；A—出油口；B—进油口

当燃油泵电动机运转时，电机轴带动油泵转子一同旋转。由于转子转速较高，因此在叶片小槽与泵体进油口之间就会产生真空。当叶片小槽转到进油口 B 处时，在真空吸力的作用下，燃油被吸入泵体内；当叶片小槽转到油泵出油口 A 处时，在离心力和燃油压力的共同作用下，燃油便从出油口压出并流向电动机。叶片泵出燃油越多，电机壳体内的燃油压力就越高。当油压超过油泵单向阀弹簧的压力时，单向阀阀门打开，燃油便从单向阀经输油管输送到燃油分配管和喷油器。叶片泵的泵油原理类似于排风扇的排风原理，其突出优点是转子无磨损，因此使用寿命长。此外，还具有泵油压力高（可达 600 kPa 以上）、出油压力脉动小、运转噪声小等优点。

二、燃油分配管

燃油分配管又称为供油总管或油架，安装在发动机进气歧管上部，其功用是固定喷油器和油压调节器，并将汽油分配给各只喷油器。桑塔纳 2000GSi、桑塔纳 3000 型、捷达 AT、捷达 GTX 型轿车燃油分配管总成的结构如图 1-68 所示。

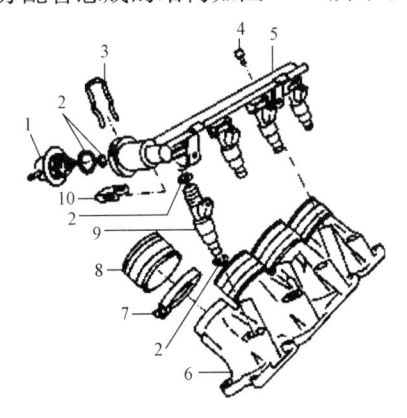

图 1-68　轿车燃油分配管总成
1—燃油压力调节器；2—O 形密封圈；3、10—固定夹；4—固定螺钉；
5—燃油分配管；6—进气管下体；7—卡箍；8—中间法兰；9—喷油器

燃油分配管一般用铝合金制成圆形管状或方形管状。分配管与喷油器连接处制有小孔，以便将燃油分配到各只喷油器。虽然分配管位于发动机舱上部，所处环境温度较高，汽油容易挥发，但是由于燃油泵的供油量远远大于发动机的最大耗油量，剩余汽油由油压调节器上的回油管返回油箱，汽油不断流动带走了分配管及进油管中的热量和燃油蒸气，因此，可以防止气阻，提高发动机的热启动性能。

三、油压调节器

1. 油压调节器的功用

油压调节器安装在燃油分配管的一端，如图 1-68 所示。其功用：一是调节供油系统的燃油压力，使系统油压 P_f 与进气歧管压力 P_i 之差 ΔP 保持恒定（一般设定为：$\Delta P = P_s = P_f - P_i = 300$ kPa，其中 P_i 为负值；P_s 为弹簧弹力）；二是缓冲压力波动（燃油泵供油时产生的压力波动和喷油器断续喷油引起的压力波动）。

2. 油压调节器的结构特点

油压调节器的结构如图 1-69 所示，主要由弹簧、阀体、阀门和铝合金壳体组成。阀体固定在金属膜片上，阀体与阀门之间安装有一个球阀。球阀用弹片托起，球阀与阀体之间设有一个弹力较小的弹簧，使球阀与阀门保持接触。在铝合金壳体上，设有油管接头和真空管接头，进油口接头与燃油分配管连接，回油口接头连接回油管，并与油箱相通，真空管接头与节气门至进气歧管之间由真空管连接。

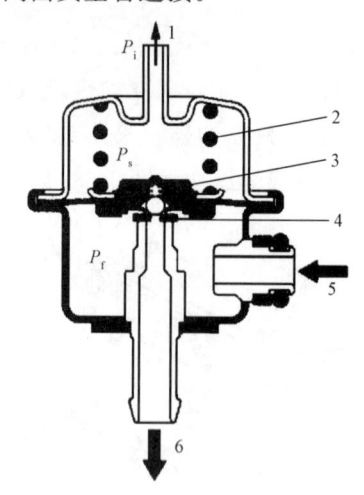

图 1-69 燃油压力调节器的结构
1—歧管压力接头；2—弹簧；3—阀体；4—阀门；5—进油口；6—回油口

3. 油压调节器的工作原理

供油系统的燃油从油压调节器进油口进入调节器油腔，燃油压力作用到与阀体相连的金属膜片上。当燃油压力升高使油压作用到膜片上的压力超过调节器弹簧的弹力时，油压推动膜片向上拱曲，调节器阀门打开，部分燃油从回油口经回油管流回油箱，使燃油压力降低。当燃油压力降低到调节器控制的系统油压时，球阀关闭，使系统燃油保持一定压力值。

4. 油压调节器的工作特性

在油压调节器上接有一个真空管，该真空管将发动机进气歧管的真空度引入油压调节器的真空室。由于进气歧管的压力始终低于大气压力，因此当进气歧管的压力随节气门开度变化而变化时，进气压力将对调节器膜片产生一个吸力，从而改变供油系统的燃油压力。

当发动机怠速运转时，进气歧管的压力 P_i 约为 -54 kPa，燃油压力 P_f 为：
$$P_f = P_s + P_i = 300 + (-54) = 246 \text{ kPa}$$

当发动机全负荷运转时，进气歧管的压力 P_i 约为 -5 kPa，燃油压力 P_f 为：

$$P_f = P_s + P_i = 300 + (-5) = 295 \text{ (kPa)}$$

由此可见，由于进气歧管负压的作用，当发动机怠速运转，燃油压力达到 246 kPa 时，油压调节器的球阀就会打开泄压；当发动机全负荷运转，燃油压力达到 295 kPa 时，球阀才打开泄压。通过油压和进气负压的共同作用，使燃油分配管中的油压与进气歧管中的气压之压力差保持 300 kPa 不变，如图 1-70 所示，其目的是保证喷油器喷油量的多少只与喷嘴开启时间有关，而与系统油压和进气歧管的负压值无关。

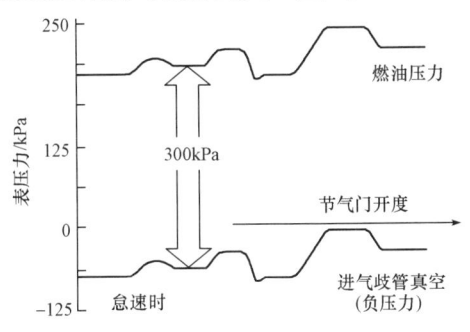

图 1-70　燃油压力调节器的输出特性

四、电磁喷油器

电磁喷油器简称喷油器，俗称喷嘴，其功用计量燃油喷射系统的喷油量。

喷油器是发动机电控汽油喷射系统执行机构中的一个关键部件，是一种加工精度非常高的精密器件。为了满足燃油喷射系统控制精度的要求，要求喷油器具有抗堵塞性能好、燃油雾化性能好和动态流量范围大等优点。自 20 世纪 80 年代以来，工业发达国家先后开发研制了各种不同结构形式的电磁喷油器。

1. 电磁喷油器的分类

按喷油器的总体结构不同，喷油器可分为轴针式、球阀式和片阀式三种。目前，主要采用球阀式喷油器；按喷油器电磁线圈阻值大小，喷油器可分为高阻型（13～18 Ω）和低阻型（1～3 Ω）两种。

2. 电磁喷油器的结构特点

（1）轴针式喷油器的结构特点

电磁喷油器安装在燃油分配管上，轴针式喷油器的结构如图 1-71 所示，主要由燃油滤网、线束插座、电磁线圈、针阀阀体、阀座、复位弹簧、O 形密封圈等组成。

O 形密封圈起到密封作用，O 形密封圈 1 防止燃油泄漏，O 形密封圈 7 防止漏气。滤网用于过滤燃油中的杂质。轴针制作在针阀阀体上，阀体上端安装有一根螺旋弹簧，当喷油器停止工作时，弹簧弹力使阀体复位，针阀关闭，轴针压靠在阀座上起到密封作用，防止燃油泄漏。在燃油分配管上，设有喷油器专用的安装支座，支座为橡胶成型件，起到隔热作用，防止喷油器中的燃油产生气泡，有助于提高发动机的热启动性能。

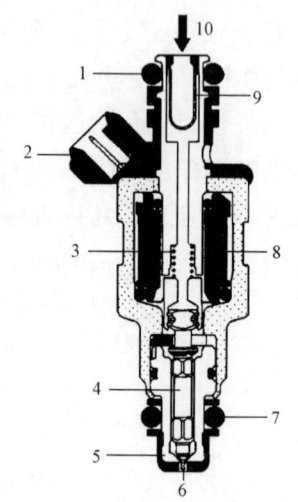

图 1-71 轴针式喷油器的结构

1、7—O形密封圈；2—插座；3—弹簧；4—阀体；5—阀座；6—轴针；8—电磁线圈；9—滤网；10—进油口

（2）球阀式喷油器的结构特点

球阀式喷油器的结构与轴针式基本相同，主要区别在于阀体结构不同，如图1-72所示。球阀式喷油器的阀体由球阀、导杆和弹簧座组成，其导杆为空心结构。轴针式喷油器的阀体采用的是针阀，为了保证阀体轴向移动不发生偏移和阀门密封良好，必须具有较长的导杆，并制成实心结构，因此质量较大；球阀式喷油器的球阀具有自动定心作用，无须较长导杆，因此质量较小，且具有较好的密封性能。

（3）片阀式喷油器的结构特点

片阀式喷油器的结构与轴针式喷油器大致相同，如图1-73所示。由图1-73可见，主要区别也是阀体有所不同，片阀式喷油器的特点是阀体由质量较轻的片阀、导杆和带孔阀座组成。不仅具有较大的动态流量，而且具有较强的抗堵塞能力。

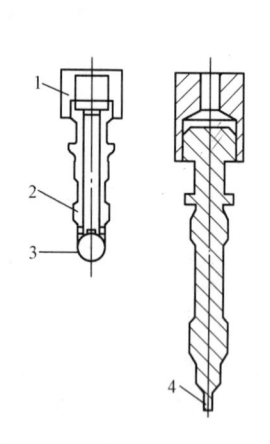

图 1-72 喷油器阀体的结构

1—弹簧座；2—导杆；
3—球阀；4—针阀

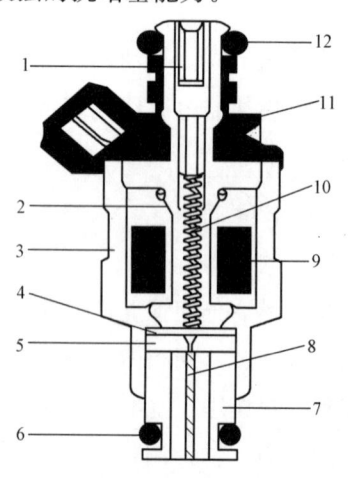

图 1-73 片阀式喷油器的结构

1—燃油滤网；2—导杆；3—壳体；4—片阀；
5—带孔阀座；6、12—O形密封圈；7—底座；
8—油道；9—电磁线圈；10—弹簧；11—电插座

3. 电磁喷油器的工作原理

当喷油器的电磁线圈接通电流时,线圈中就会产生电磁吸力吸引针阀阀体。当电磁吸力大于复位弹簧的弹力时,阀体使弹簧压缩而上升(上升行程很小,一般为0.1~0.2 mm)。阀体上升时,针阀(球阀或片阀)随阀体一同上升,针阀(球阀或片阀)离开阀座时,阀门被打开,燃油便从喷孔喷出,喷出燃油的形状为小于35°的圆锥雾状。由于燃油压力较高,因此喷出的燃油为雾状燃油。

当喷油器的电磁线圈电流切断时,电磁吸力消失,阀体在复位弹簧的弹力作用下复位,针阀(球阀或片阀)回落到阀座上将阀门关闭,喷油停止。

燃油喷射式发动机大多为16气门、20气门或24气门发动机,即每个汽缸有4个或5个气门,其中进气门2个或3个,排气门2个。喷油器上设置有2个喷孔或4个喷孔,从喷孔喷出的燃油喷束喷射在进气门前方,并与空气混合形成雾化良好的可燃混合气。

4. 电磁喷油器电路

电磁喷油器电路如图1-74所示。

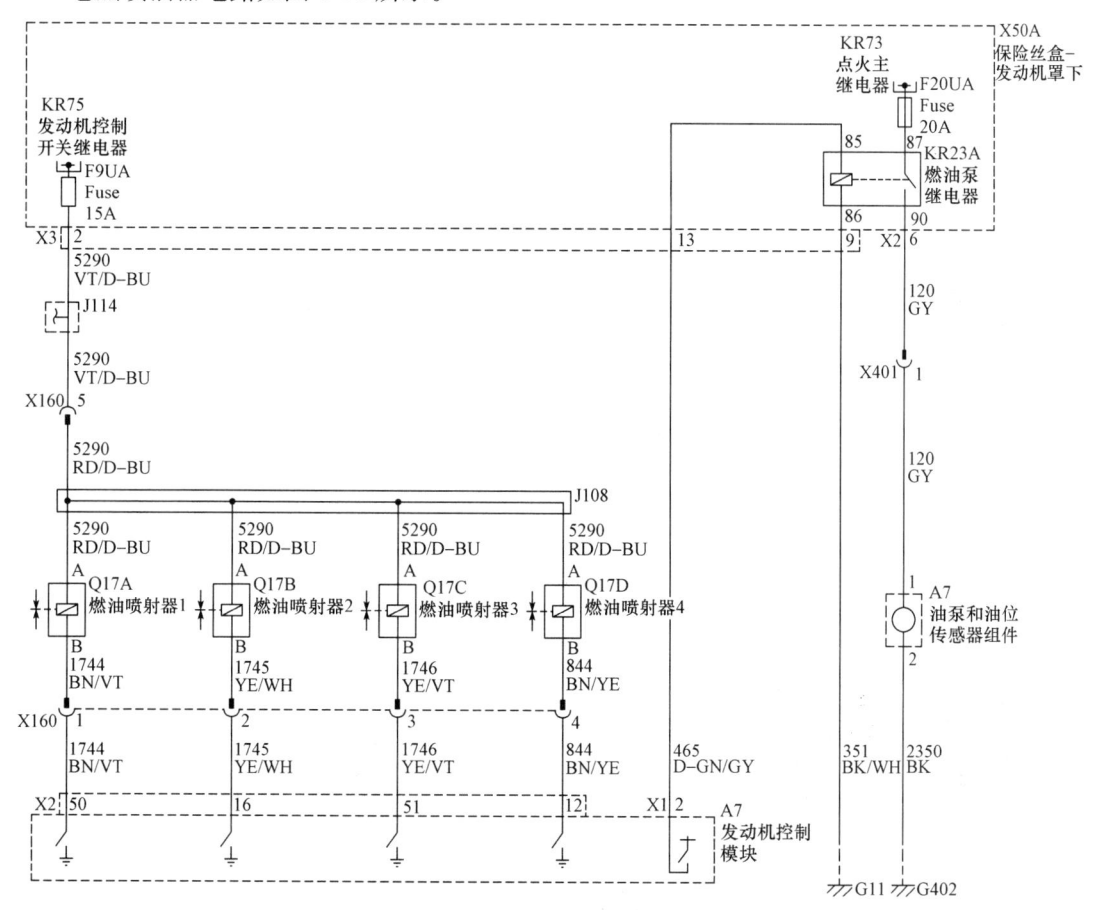

图1-74 电磁喷油器控制电路

任务实施与考核

一、技能学习

1. 查找相关技术资料

（1）喷油器的拆卸

1）打开发动机舱盖。

2）断开蓄电池负极电缆。

3）拆下曲轴箱强制（正压）通风管。

4）拆下歧管绝对压力传感器。

5）松开发动机线束管。

6）断开4个燃油喷射线束插头。

7）松开燃油喷射线束。

8）将燃油喷射线束置于一边。

9）将一个接液盘置于下面。

10）释放燃油压力。

11）如图1-75所示，断开燃油导轨3上的燃油加注口管1。松开快速连接器2，用EN－6015塞子封闭通风口。

12）见图1-75，从燃油导轨3上断开回油管1。

①松开快速连接器2。

②用EN－807塞子封闭通风口。

13）拆下3个线束固定器螺栓。

14）如图1-76所示，将两个线束固定件2、4从进气歧管3上拆下。

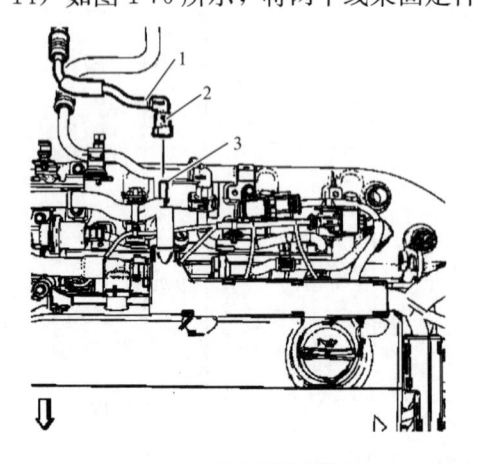

图1-75 喷油器的拆卸1　　　　图1-76 喷油器的拆卸2

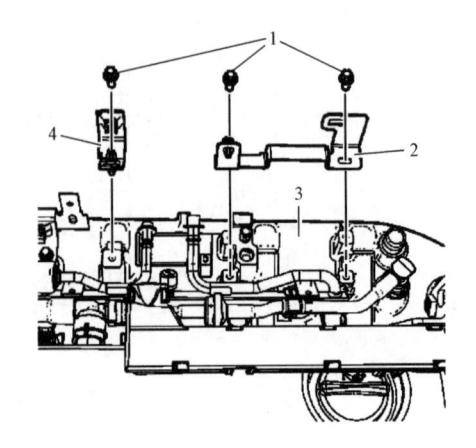

15）如图 1-77 所示，拆下两个燃油喷射导轨螺栓 2。

16）如图 1-78 所示，从进气歧管 1 上拆下燃油喷射导轨 3。

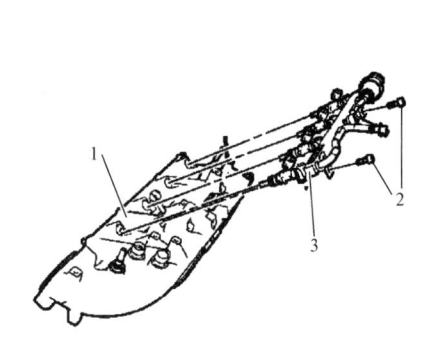

图 1-77 喷油器的拆卸 3　　　　图 1-78 喷油器的拆卸 4

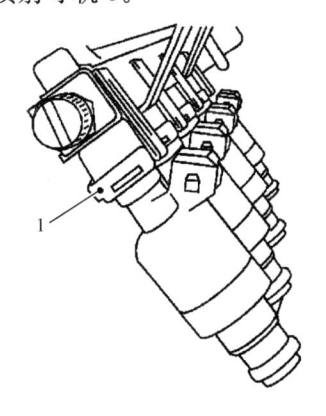

（2）喷油器的安装

1）安装新的喷油器密封件，用硅基润滑脂涂抹。

2）安装喷油器固定件（注意：用硅基润滑脂涂抹喷油器密封件）。

3）安装 4 个新的喷油器密封件。

4）参见图 1-77，将燃油喷射导轨 3 安装至进气歧管 1 上。

5）参见图 1-77，安装两个燃油喷射导轨螺栓 2 并紧固至 8 N·m。

6）参见图 1-76，将两个线束固定件 2、4 安装至进气歧管 3 上。

7）参见图 1-76，安装 3 个线束固定器螺栓 1，并将其紧固至 8 N·m。

8）将回油管连接至燃油导轨。

①拆下 EN-807 塞子。

②安装快速连接器。

9）参见图 1-75，将燃油加注口管连接至燃油导轨。

10）连接 4 个燃油喷射线束插头。

11）安装歧管压力传感器。

12）夹住线束。

13）夹住发动机线束管。

14）安装曲轴箱强制通风软管和管路。

15）连接蓄电池负极电缆。

16）关闭发动机舱盖。

2. 操作步骤

喷油器的检修步骤如表 1-20 所示。

表 1-20 喷油器的检修步骤

故障名称	检查内容	检查记录	提示语
喷油器故障	安装车轮挡块	安装完毕	
	安装尾气抽排管	尾气抽排管安装完毕	
	安装驾驶室三件套	三件套安装完毕	
	铺上翼子板布、前盖布	防护垫安装完毕	
	拆下发动机隔音板	拆卸完毕	
	拆下发动机水箱盖板	拆卸完毕	
	查看发动机冷却液	液面正常	
	查看发动机机油	液面正常	
	安装 IT－Ⅱ诊断仪	故障码显示 P0201	点火开关 ON
	清除故障码	故障码显示 P0201	
	读取数据流	数据流显示	
	检查喷油器的安装	喷油器端子连接牢固可靠	
	拆下喷油器插头，确认点火电路端子 1（LDE/LLU）或电路端子 A（2H0）和搭铁之间的测试灯点亮	未点亮	插拔接头前点火开关 OFF，然后点火开关 ON
	测试点火电路和搭铁之间的电阻是否为无穷大	显示电阻值无穷大，异常，更换 Q17 喷油器	将点火开关置于 OFF（关闭）位置
	安装新喷油器	新喷油器安装完毕	
	安装 IT－Ⅱ诊断仪	故障码显示 P0201	点火开关 ON
	清除故障码	显示无故障码	
	读取数据流	数据流显示	
	收回车轮挡块	车轮挡块已收	
	收回尾气抽排管	尾气抽排管已收	
	收回翼子板布、前盖布	翼子板布、前盖布已收	
	收回三件套	三件套已收	
	关车门，将钥匙放回工具车	整理工作结束	

续表

故障名称	检查内容	检查记录	提示语
喷油器线束故障	安装车轮挡块	安装完毕	
	安装尾气抽排管	尾气抽排管安装完毕	
	安装驾驶室三件套	三件套安装完毕	
	铺上翼子板布、前盖布	防护垫安装完毕	
	拆下发动机隔音板	拆卸完毕	
	拆下发动机水箱盖板	拆卸完毕	
	查看发动机冷却液	液面正常	
	查看发动机机油	液面正常	
	安装IT－Ⅱ诊断仪	故障码显示P0201	点火开关ON
	清除故障码	故障码显示P0201	
	读取数据流	数据流显示	
	检查喷油器的安装	喷油器端子连接牢固可靠	
	拆下喷油器插头，确认点火电路端子1（LDE/LLU）或电路端子A（2H0）和搭铁之间的测试灯点亮	未点亮	插拔接头前点火开关OFF，然后点火开关ON
	测试点火电路和搭铁之间的电阻是否为无穷大	不为无穷大，修理电路上的对搭铁短路故障	先拆蓄电池负极
	更换线束，重检新线束测试点火电路和搭铁之间的电阻是否为无穷大	显示无穷大，正常	
	安装新线束插头	新线束安装完毕	接好蓄电池负极
	安装IT－Ⅱ诊断仪	故障码显示P0201	点火开关ON
	清除故障码	显示无故障码	
	读取数据流	数据流显示	
	收回车轮挡块	车轮挡块已收	
	收回尾气抽排管	尾气抽排管已收	
	收回翼子板布、前盖布	翼子板布、前盖布已收	
	收回三件套	三件套已收	
	关车门，将钥匙放回工具车	整理工作结束	

续表

故障名称	检查内容	检查记录	提示语
喷油器复合故障	安装车轮挡块	安装完毕	
	安装尾气抽排管	尾气抽排管安装完毕	
	安装驾驶室三件套	三件套安装完毕	
	铺上翼子板布、前盖布	防护垫安装完毕	
	拆下发动机隔音板	拆卸完毕	
	拆下发动机水箱盖板	拆卸完毕	
	查看发动机冷却液	液面正常	
	查看发动机机油	液面正常	
	安装IT-Ⅱ诊断仪	故障码显示P0201	点火开关ON
	清除故障码	故障码显示P0201	
	读取数据流	数据流显示	
	检查喷油器的安装	喷油器端子连接牢固可靠	
	拆下喷油器插头,测量执行器A-B端子的电阻	显示电阻值∞,说明执行器损坏故障	插拔接头前点火开关OFF
	更换喷油器执行器,重新测量执行器A-B端子的电阻	显示电阻值13Ω,正常	
	安装新喷油器及插头	新喷油器安装完毕	
	安装IT-Ⅱ诊断仪	故障码显示P0201	点火开关ON
	清除故障码	故障码显示P0201	
	读取数据流	数据流显示	
	拆下喷油器插头,确认点火电路端子1(LDE/LLU)或电路端子A(2H0)和搭铁之间的测试灯点亮	未点亮	插拔接头前点火开关OFF然后点火开关ON
	测试点火电路和搭铁之间的电阻是否为无穷大	不为无穷大,修理电路上的对搭铁短路故障	先拆蓄电池负极
	更换线束,重新测量新线束测试点火电路和搭铁之间的电阻是否为无穷大	显示无穷大,正常	
	安装新线束插头	新线束安装完毕	接好蓄电池负极
	安装IT-Ⅱ诊断仪	故障码显示P2102	点火开关ON
	清除故障码	显示无故障码	
	读取数据流	数据流显示	
	收回车轮挡块	车轮挡块已收	
	收回尾气抽排管	尾气抽排管已收	
	收回翼子板布、前盖布	翼子板布、前盖布已收	
	收回三件套	三件套已收	
	关车门,将钥匙放回工具车	整理工作结束	

二、任务实施与考核

喷油器检修的任务实施与考核如表 1-21 所示。

表 1-21 喷油器检修的任务实施与考核

车辆信息	整车型号		
	车辆识别代码		
	发动机型号		
故障描述			
项目		任务实施记录内容	备注
一、前期准备			
二、安全检查			
三、仪器连接			
四、故障现象确认			
五、故障代码检查			
六、正确读取数据和清除故障码（当定格数据和动态数据中不存在反映故障码特征的相关数据时，应填写"无"）		1. 定格数据记录（只记录故障发生时的数据帧内容）包括： （1）基本数据； （2）定格数据中除基本数据外的反映故障码特征的相关数据。 2. 与故障码特征相关的动态数据记录。 3. 清除故障码。 4. 确认故障码是否再次出现，并填写结果	
七、确定故障范围		根据上述检查进行判断并填写可能的故障范围	
八、基本检查			
九、部件测试		对被怀疑的部件进行部件测试。 需注明元件名称/插接件代码、针脚编号和测量结果	
十、电路测量		对被怀疑的线路进行测量，需注明插件代码和编号，控制单元针脚代号以及测量结果	
十一、故障部位确认和排除		根据上述的所有检测结果，确定故障内容并注明： 1. 确定的故障。 2. 故障点的排除处理说明	
十二、维修结果确认（表中项目检查有内容时填写检查结果，如果没有时填写"无"）		1. 维修后故障代码读取，并填写读取结果。 2. 与原故障码相关的动态数据检查结果。 3. 维修后的功能确认并填写结果	
十三、现场恢复			

任务六　冷却液温度传感器的结构原理与检修

学习目标

1. 正确描述冷却液温度传感器的作用、结构及工作原理。
2. 正确使用检测仪器，对冷却液温度传感器计进行检修。
3. 注意培养环保、安全意识及团队协作能力。

任务引入

一辆丰田卡罗拉，行驶 34 000 km，打开仪表盘点火开关至启动挡，冷车状态下启动后起动机持续声响，发动机怠速运转不稳，并伴有风扇常转现象，故障灯亮。

此故障现象说明汽车发动机风扇转动，说明发动机内部的冷却液温度已经升高，然而冷车状态下启动起动机时，风扇不会参与工作，故怀疑发动机冷却系统有问题，因故障灯亮，这类故障大多为冷却液温度传感器故障，所以我们先学习冷却液温度传感器的相关知识。

相关知识

一、发动机冷却液温度传感器的作用

将发动机冷却液温度信号转换为电信号输入发动机电控单元，以便电控单元修正喷油时间和点火时间，使发动机处于最佳工作状态。

二、发动机冷却液温度传感器的结构与原理

发动机冷却液温度传感器通过安装螺纹安装在水道中，外壳与冷却液直接接触，其内部有一个热敏电阻，部件及结构如图 1-79 和图 1-80 所示。热敏电阻是温度传感器的主要部件，它是在陶瓷半导体材料中掺入适量金属氧化物，并在 1 000℃ 以上的高温条件下烧结而成。控制掺入氧化物的比例和烧结温度，即可得到不同特性的热敏电阻，从而满足使用要求。例如，如果测量发动机冷却液温度，则热敏电阻的工作温度为（−30℃）～（+130℃）；如果测量

图 1-79　冷却液温度传感器

发动机的排气温度，热敏电阻的工作温度则为 600℃～1 000℃。热敏电阻的外形可以制作成珍珠形、圆盘形、垫圈形、梳状芯片形、厚膜形等，放置在传感器的金属管壳内。在热敏电阻的两个端面各引出一个电极并连接到传感器插座上。传感器壳体上制作有螺纹，以便安装与拆卸。接线插座分为单端子式和两端子式两种，中高档轿车燃油喷射系统一般采用两端子式温度传感器，低档轿车燃油喷射系统以及汽车仪表一般采用单端子式温度传感器。如传感器插座上只有一个接线端子，则壳体为传感器的一个电极。目前电控系统使用的温度传感器插座大多数都有两个接线端子，分别与 ECU 插座上的相应端子连接，以便可靠传递信号。

发动机冷却液温度传感器一般为负温度系数型热敏电阻式传感器，NTC 型热敏电阻具有温度升高阻值减小、温度降低阻值增大的特性，且呈明显的非线性关系。

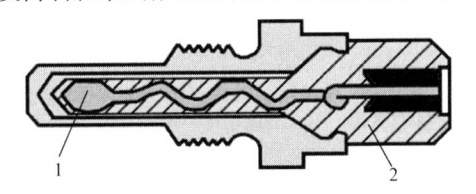

图 1-80　冷却液温度传感器的结构
1—热敏电阻；2—电插头

发动机冷却液温度传感器的两个电极用导线与 ECU 插座连接。ECU 内部串联一只分压电阻，ECU 向热敏电阻和分压电阻组成的分压电路提供一个稳定的电压（一般为 5 V），传感器输入 ECU 的信号电压等于热敏电阻上的分压值。

当被测对象的温度升高时，传感器阻值减小，热敏电阻上的分压值降低；反之，当被测对象的温度降低时，传感器阻值增大，热敏电阻上的分压值升高。ECU 根据接收到的信号电压值，便可计算求得对应的温度值，从而进行实时控制。

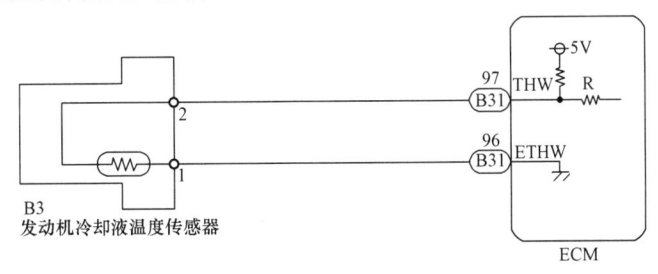

三、发动机冷却液温度传感器电路

发动机冷却液温度传感器电路如图 1-81 所示。

图 1-81　发动机冷却液温度传感器电路

任务实施与考核

一、技能学习

1. 查找相关技术资料

（1）发动机冷却液温度传感器的拆卸

1）排出发动机冷却液。

2）拆下 2 号汽缸盖罩。

3）拆下空气滤清器盖分总成。

4）拆下空气滤清器壳。

5）拆下发动机冷却液温度传感器：

①断开发动机冷却液温度传感器连接器。

②如图 1-82 所示，使用 SST（09817－33190）拆下发动机冷却液温度传感器和衬垫。

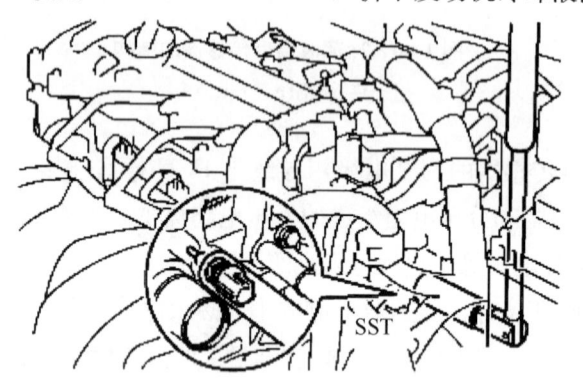

图 1-82 拆卸冷却液温度传感器

（2）发动机冷却液温度传感器的检查

1）检查发动机冷却液温度传感器电阻。根据表 1-22，参考图 1-83，用数字万用表测量电阻。

注意：在水中检查发动机冷却液温度传感器时，不要让水进入端子。检查后，应使传感器干燥。如果不符合规定，则更换传感器。

表 1-22 标准电阻　　　　　　　　　　　　　　kΩ

检测仪连接	条件	规定状态
1—2	20℃（68°F）	2.32～2.59
	80℃（167°F）	0.31～0.326

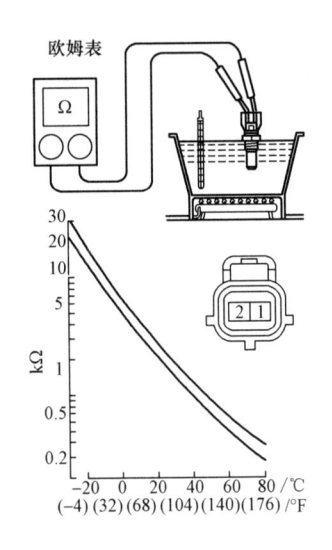

图 1-83 冷却液温度传感器的检查 1

2）检查发动机冷却液温度传感器对地短路。根据表 1-23，参考图 1-84，用数字万用表测量电阻。

表 1-23 标准电阻

检测仪连接	条件	规定状态
B3—2 或 B31—97（THW）—车身搭铁	始终	10 kΩ 或更大

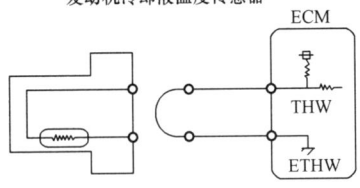

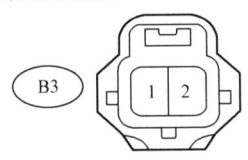

图 1-84 冷却液温度传感器的检查 2

3）检查发动机冷却液温度传感器相关线束。根据表 1-24，参考图 1-85，用数字万用表测量电阻。

表 1-24 标准电阻　　　　　　　　　　　　　　　　Ω

检测仪连接	条件	规定状态
B3-2 — B31-97（THW）	始终	小于 1
B3-1—B31-96（ETHW）	始终	小于 1

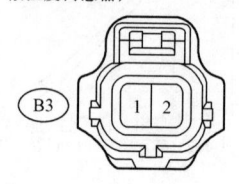

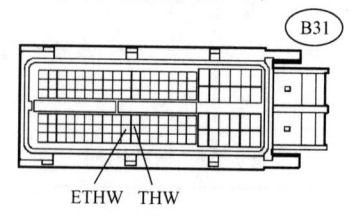

图 1-85　冷却液温度传感器的检查 3

（3）发动机冷却液温度传感器的安装

1）安装发动机冷却液温度传感器。

①使用 SST 安装发动机冷却液温度传感器，扭矩为 20 N·m。

②连接发动机冷却液温度传感器连接器。

2）安装空气滤清器壳。

3）安装空气滤清器盖分总成。

4）安装 2 号汽缸盖罩。

5）添加发动机冷却液。

6）检查冷却液是否泄漏。

2．操作步骤

冷却液温度传感器的检修步骤如表 1-25 所示。

表 1-25　冷却液温度传感器的检修步骤

故障名称	检查内容	检查记录	提示语
冷却液温度传感器故障	安装车轮挡块	安装完毕	
	安装尾气抽排管	尾气抽排管安装完毕	
	安装驾驶室三件套	三件套安装完毕	
	铺上翼子板布、前盖布	防护垫安装完毕	
	拆下发动机隔音板	拆卸完毕	
	拆下发动机水箱盖板	拆卸完毕	
	查看发动机冷却液	液面正常	
	查看发动机机油	液面正常	
	安装IT-Ⅱ诊断仪读取故障码	故障码显示 P0115、P0335	点火开关 ON
	清除故障码	故障码显示 P0115	
	读取数据流	数据流显示 Coolant Temp－40°	
	检查冷却水温度传感器的安装	传感器端子连接牢固可靠	
	拆下冷却水温度传感器线束插头	短接线束端 1－2 端子	插拔接头前点火开关 OFF
	安装 IT-Ⅱ诊断仪	故障码显示 P0115	点火开关 ON
	清除故障码	故障码显示 P0115	
	读取数据流	数据流显示 Coolant Temp140°	
	测量传感器 1－2 端子	显示电阻值∞，说明传感器损坏故障	
	更换冷却水温度传感器，重新测量传感器 1－2 端子的电阻	显示电阻值 2.14 kΩ，新传感器正常	插拔接头前点火开关 OFF
	安装冷却水温度传感器及插头	新传感器安装完毕	
	安装 IT-Ⅱ诊断仪	读取故障码：P0115	点火开关 ON
	清除故障码	显示无故障码	
	读取数据流	显示 Coolant Temp40°	
	收回车轮挡块	车轮挡块已收	
	收回尾气抽排管	尾气抽排管已收	
	收回翼子板布、前盖布	翼子板布、前盖布已收	
	收回三件套	三件套已收	
	关车门，将钥匙放回工具车	整理工作结束	

续表

故障名称	检查内容	检查记录	提示语
冷却液温度传感器线束故障	安装车轮挡块	安装完毕	
	安装尾气抽排管	尾气抽排管安装完毕	
	安装驾驶室三件套	三件套安装完毕	
	铺上翼子板布、前盖布	防护垫安装完毕	
	拆下发动机隔音板	拆卸完毕	
	拆下发动机水箱盖板	拆卸完毕	
	查看发动机冷却液	液面正常	
	查看发动机机油	液面正常	
	安装IT-Ⅱ诊断仪	故障码显示P0115、P0328	点火开关ON
	清除故障码	故障码显示P0115	
	读取数据流	数据流显示Coolant Temp－40°	
	检查冷却水温度传感器的安装	传感器端子连接牢固可靠	
	拆下冷却水温度传感器线束插头	短接线束端的1－2端子	插拔接头前点火开关OFF
	安装IT-Ⅱ诊断仪	故障码显示P0115	点火开关ON
	清除故障码	故障码显示P0115	
	读取数据流	数据流显示Coolant Temp－40°	
	拆下线束电脑端插头，测量线束1号端子与线束电脑端96端子的电阻，线束2号端子与线束电脑端97端子的电阻	显示电阻值∞，说明传感器线束断路故障	先拆蓄电池负极
	更换冷却水温度传感器线束，重检线束1号端子与线束电脑端96端子的电阻，线束2号端子与线束电脑端97端子的电阻	显示电阻值0.5Ω，新线束正常	
	安装新线束插头	新线束安装完毕	接好蓄电池负极
	安装IT-Ⅱ诊断仪	故障码显示P0115	点火开关ON
	清除故障码	故障码无显示	
	读取数据流	数据流显示Coolant Temp40°	
	收回车轮挡块	车轮挡块已收	
	收回尾气抽排管	尾气抽排管已收	
	收回翼子板布、前盖布	翼子板布、前盖布已收	
	收回三件套	三件套已收	
	关车门，将钥匙放回工具车	整理工作结束	

续表

故障名称	检查内容	检查记录	提示语
冷却液温度传感器复合故障	安装车轮挡块	安装完毕	
	安装尾气抽排管	尾气抽排管安装完毕	
	安装驾驶室三件套	三件套安装完毕	
	铺上翼子板布、前盖布	防护垫安装完毕	
	拆下发动机隔音板	拆卸完毕	
	拆下发动机水箱盖板	拆卸完毕	
	查看发动机冷却液	液面正常	
	查看发动机机油	液面正常	
	安装IT-Ⅱ诊断仪	故障码显示P0110、P0115	点火开关ON
	清除故障码	故障码显示P0115	
	读取数据流	数据流显示Coolant Temp−40°	
	检查冷却水温度传感器的安装	传感器端子连接牢固可靠	
	拆下冷却水温度传感器插头	短接线束端的1−2端子	插拔接头前点火开关OFF
	安装IT-Ⅱ诊断仪	故障码显示P0115	点火开关ON
	清除故障码	故障码显示P0115	
	读取数据流	数据流显示Coolant Temp−40°	
	拆下线束电脑端插头,测量线束1号端子与线束电脑端96端子的电阻,线束2号端子与线束电脑端97端子的电阻	显示电阻值∞,说明传感器线束断路故障	先拆蓄电池负极
	更换冷却水温度传感器线束,重检束1号端子与线束电脑端96端子的电阻,线束2号端子与线束电脑端97端子的电阻	显示电阻值0.5 Ω,新线束正常	
	安装新线束插头	新线束安装完毕	接好蓄电池负极
	安装IT-Ⅱ诊断仪	故障码显示P0115	点火开关ON
	清除故障码	故障码显示P0115	
	读取数据流	数据流显示Coolant Temp−40°	
	测量传感器1−2端子	显示电阻为∞,说明传感器损坏故障	
	更换冷却水温度传感器,重新测量传感器端1−2端子的电阻	显示电阻值2.14 kΩ,新传感器正常	插拔接头前点火开关OFF
	安装冷却水温度传感器及插头	新传感器安装完毕	
	安装IT-Ⅱ诊断仪	读取故障码:P0115	点火开关ON
	清除故障码	显示无故障码	
	读取数据流	显示Coolant Temp40°	
	收回车轮挡块	车轮挡块已收	
	收回尾气抽排管	尾气抽排管已收	
	收回翼子板布、前盖布	翼子板布、前盖布已收	
	收回三件套	三件套已收	
	关车门,将钥匙放回工具车	整理工作结束	

二、任务实施与考核

冷却液温度传感器检修的任务实施与考核如表1-26所示。

表1-26 冷却液温度传感器检修的任务实施与考核

车辆信息	整车型号	
	车辆识别代码	
	发动机型号	
故障描述		
项目	任务实施记录内容	备注
一、前期准备		
二、安全检查		
三、仪器连接		
四、故障现象确认		
五、故障代码检查		
六、正确读取数据和清除故障码(当定格数据和动态数据中不存在反映故障码特征的相关数据时,应填写"无")	1. 定格数据记录(只记录故障发生时的数据帧内容)包括: (1)基本数据; (2)定格数据中除基本数据外的反映故障码特征的相关数据。 2. 与故障码特征相关的动态数据记录。 3. 清除故障码。 4. 确认故障码是否再次出现,并填写结果	
七、确定故障范围	根据上述检查进行判断并填写可能的故障范围	
八、基本检查		
九、部件测试	对被怀疑的部件进行部件测试。 需注明元件名称/插接件代码、针脚编号和测量结果	
十、电路测量	对被怀疑的线路进行测量,需注明插件代码和编号,控制单元针脚代号以及测量结果	
十一、故障部位确认和排除	根据上述的所有检测结果,确定故障内容并注明: 1. 确定的故障。 2. 故障点的排除处理说明	
十二、维修结果确认(表中项目检查有内容时填写检查结果,如果没有时填写"无")	1. 维修后故障代码读取,并填写读取结果。 2. 与原故障码相关的动态数据检查结果。 3. 维修后的功能确认并填写结果	
十三、现场恢复		

任务七　点火控制器的结构原理与检修

> **学习目标**
>
> 1. 正确描述点火控制器的作用、结构及工作原理。
> 2. 正确使用检测仪器，对点火控制器进行检修。
> 3. 注意培养环保、安全意识及团队协作能力。

> **任务引入**

一辆丰田卡罗拉轿车，打开仪表盘点火开关至启动挡，冷车状态下启动后起动机有异常，着车后发动机怠速运转抖车，路试伴有起步和减速有顿挫感，加速无力的现象。故障灯亮。

此故障现象说明汽车发动机怠速工作不稳，路试应与车辆的动力输出有关，属于汽车动力失去平衡，故着重考虑油路和电路，因故障灯亮，所以先着手查找电控系统故障。此类故障一般与点火系统有关，所以我们先学习点火控制器的相关知识。

> **相关知识**

一、点火控制器的作用

点火控制器又称为点火模块或点火器，如图 1-86 所示，它是微机控制点火系统的功率输出级，接收 ECU 输出的点火控制信号并进行功率放大，以便驱动点火线圈工作。有的点火模块还提供给 ECU 反馈信号，供 ECU 判断点火线圈工作是否正常，还有的反馈信号供 ECU 计算下一个导通脉冲宽度。

图 1-86　点火控制器

二、点火控制器的类型和结构原理

点火控制器实际是一个功率电子开关,控制点火的信号为方波或磁脉冲信号,输送到点火控制器的信号输入端,通过整形来驱动功率电子开关,如图1-87所示。

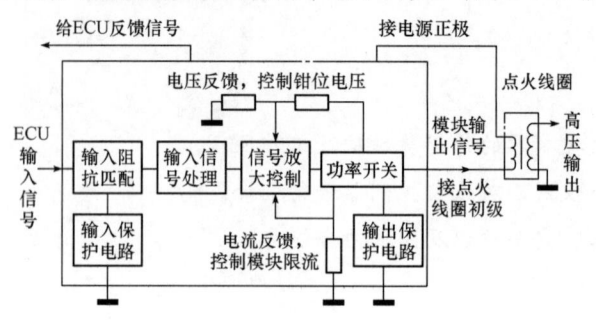

图1-87 点火控制器工作原理

用脉宽来控制功率电子开关的导通时间,导通后,点火线圈电流近似指数特性上升,导通时间长,断电电流就大,以此来控制线圈的点火能量,用脉冲信号的后沿时刻控制功率电子开关的关断时刻,即控制点火时刻。用于分电器点火系统的早期点火模块带有转速闭合角调整电路。这是因为由分电器输入的控制信号脉宽随发动机的转速增加而减小。为了保证高低速点火能量基本一致,模块的闭合角由低速30%至高速70%的调整应随发动机的转速而定,通过控制器电路自动调整。如用ST公司的IC"L497D"组成的厚膜混合集成电路就是这类电路的典型代表。现代发动机点火线圈控制信号由ECU产生,完全靠ECU控制脉冲信号的宽度和点火时刻。因此,点火模块不再带有闭合角调整电路。

点火控制器与点火线圈组合有两种类型:一类是点火控制器与ECU集成在一起,控制点火线圈点火的功率部件在ECU上,点火线圈上无点火控制器;另一类是点火控制器与点火线圈组合在一起,有一体式和分体式两种形式,ECU只给控制信号。

三、点火控制器的主要性能要求

1. 工作温度

点火线圈的工作温度取决于安装位置。直接装在发动机上的点火线圈温度较高,有的点火线圈安装处的温度达110℃,加上工作时的发热,温度还会升高。点火模块的实际温度应低于晶体管的结温。点火模块的使用环境温度定为(−40℃)~(+125℃)。

2. 工作频率

点火模块的工作频率取决于发动机的转速和线圈的配置。点火频率=(发动机转速×缸数)/(60×2)。对最高转速6 000 r/min,4缸机,只有一个点火线圈的点火系统(如带分电器的发动机),点火模块的最高工作频率为200 Hz,如每缸独立点火,点火模块最高工作频率为 50 Hz。点火模块允许的工作频率应高于最高工作频率。

3. 工作电压范围

考虑到发动机上的电压波动及低温起动，点火模块工作电压一般定为 6～16 V。

四、点火控制器电路

点火控制器电路如图 1-88 所示。

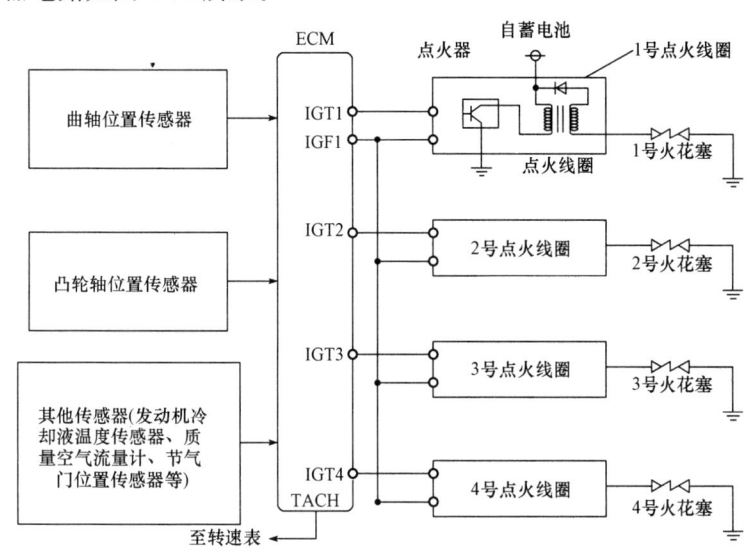

图 1-88　点火控制器电路

任务实施与考核

一、技能学习

1. 查找相关技术资料

1）检查点火线圈总成供电电压。根据表 1-27，参考图 1-89，用数字万用表测量电压。

表 1-27　标准电压　　　　　　　　　　　　　　　　V

检测仪连接	开关状态	规定状态
B26－1（＋B）－B26－4（GND）	点火开关置于 ON 位置	9～14
B27－1（＋B）－B27－4（GND）	点火开关置于 ON 位置	9～14
B28－1（＋B）－B28－4（GND）	点火开关置于 ON 位置	9～14
B29－1（＋B）－B29－4（GND）	点火开关置于 ON 位置	9～14

线束连接器前视图（至点火线圈总成）

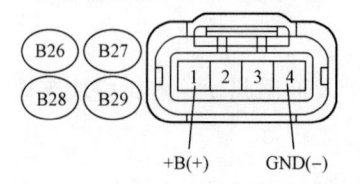

+B(+)　　　GND(−)

图 1-89　检查点火线圈总成供电电压

2）检查点火线圈总成 IGF 线束。根据表 1-28 和表 1-29，参考图 1-90，用数字万用表测量电阻。

表 1-28　标准电阻（一）　　　　　　　　　　　　　　　　　　　　Ω

检测仪连接	条件	规定状态
B26－2（IGF）－B31－81（IGF1）	始终	小于 1
B27－2（IGF）－B31－81（IGF1）	始终	小于 1
B28－2（IGF）－B31－81（IGF1）	始终	小于 1
B29－2（IGF）－B31－81（IGF1）	始终	小于 1

表 1-29　标准电阻（二）　　　　　　　　　　　　　　　　　　　　kΩ

检测仪连接	条件	规定状态
B26－2（IGF）或 B31－81（IGF1）－车身搭铁	始终	10 或更大
B27－2（IGF）或 B31－81（IGF1）－车身搭铁	始终	10 或更大
B28－2（IGF）或 B31－81（IGF1）－车身搭铁	始终	10 或更大
B29－2（IGF）或 B31－81（IGF1）－车身搭铁	始终	10 或更大

线束连接器前视图（至点火线圈总成）

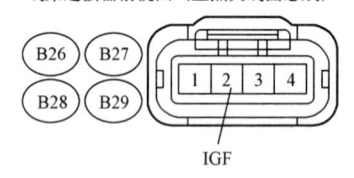

IGF

线束连接器前视图（至ECM）

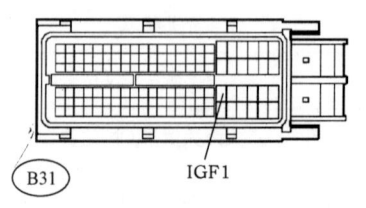

B31　　　IGF1

图 1-90　检查点火线圈总成 IGF 线束

3）检查点火线圈总成 IGT 线束。根据表 1-30 和表 1-31，参考图 1-91，用数字万用表测量电阻。

表 1-30　标准电阻（一）　　　　　　　　　　　　　　　　　　　Ω

检测仪连接	条件	规定状态
B26－3（IGT1）－B31－85（IGT1）	始终	小于 1
B27－3（IGT2）－B31－84（IGT2）	始终	小于 1
B28－3（IGT3）－B31－83（IGT3）	始终	小于 1
B29－3（IGT4）－B31－82（IGT4）	始终	小于 1

表 1-31　标准电阻（二）　　　　　　　　　　　　　　　　　　　kΩ

检测仪连接	条件	规定状态
B26－3（IGT1）－B31－85（IGT1）－车身搭铁	始终	10 或更大
B27－3（IGT2）－B31－84（IGT2）－车身搭铁	始终	10 或更大
B28－3（IGT3）－B31－83（IGT3）－车身搭铁	始终	10 或更大
B29－3（IGT4）－B31－82（IGT4）－车身搭铁	始终	10 或更大

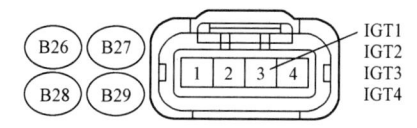

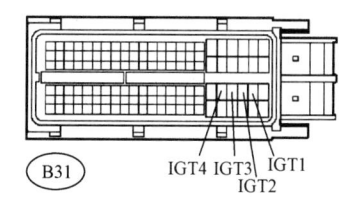

图 1-91　检查点火线圈总成 IGT 线束

2. 操作步骤

点火系的检修步骤如表 1-32 所示。

表 1-32 点火系的检修步骤

故障名称	检查内容	检查记录	提示语
点火系故障	安装车轮挡块	安装完毕	
	安装尾气抽排管	尾气抽排管安装完毕	
	安装驾驶室三件套	三件套安装完毕	
	铺上翼子板布、前盖布	防护垫安装完毕	
	拆下发动机隔音板	拆卸完毕	
	拆下发动机水箱盖板	拆卸完毕	
	查看发动机冷却液	液面正常	
	查看发动机机油	液面正常	
	安装 IT－Ⅱ诊断仪	故障码显示 P0352	点火开关 ON
	清除故障码	故障码显示 P0352	
	读取数据流	数据流显示 RPM0、0.000deg	
	拔下 2 缸点火线圈插头，测量 2 缸线束的 1－4 端子间的电压	显示电压值 12.6 V	插拔接头前点火开关 OFF；测量电压点火开关 ON
	启动发动机，用 LED 指示灯分别测试各缸线束的 3 号端子	LED 指示灯闪烁，正常	启动发动机
	拆下线束电脑端插头，测量 2 缸线束的 2 号端子与线束电脑端 81 端子的电阻	显示电阻值 0.5 Ω，线束正常，说明 2 缸点火线圈故障	先拆蓄电池负极
	更换 2 缸点火线圈	新点火线圈更换完毕	接好蓄电池负极
	安装 IT－Ⅱ诊断仪	故障码显示 P0352	点火开关 ON
	清除故障码	显示无故障码	
	读取数据流	数据流显示 RPM0、0.000deg	
	收回车轮挡块	车轮挡块已收	
	收回尾气抽排管	尾气抽排管已收	
	收回翼子板布、前盖布	翼子板布、前盖布已收	
	收回三件套	三件套已收	
	关车门，将钥匙放回工具车	整理工作结束	
	安装车轮挡块	安装完毕	

续表

故障名称	检查内容	检查记录	提示语
点火系线束故障	安装尾气抽排管	尾气抽排管安装完毕	
	安装驾驶室三件套	三件套安装完毕	
	铺上翼子板布、前盖布	防护垫安装完毕	
	拆下发动机隔音板	拆卸完毕	
	拆下发动机水箱盖板	拆卸完毕	
	查看发动机冷却液	液面正常	
	查看发动机机油	液面正常	
	安装IT-Ⅱ诊断仪	故障码显示P0353	点火开关ON
	清除故障码	故障码显示P0353	
	读取数据流	数据流显示RPM0、0.000deg	
	拔下3缸点火线圈插头,测量3缸线束的1—4端子间的电压	显示电压值12.6 V	插拔接头前点火开关OFF；测量电压点火开关ON
	启动发动机,用LED指示灯测试3缸线束的3号端子	LED指示灯不闪烁	启动发动机
	拆下线束电脑端插头,测量3缸线束3号端子与电脑端83端子之间的电阻	3缸线束显示电阻值∞,说明3缸线束断路故障	先拆蓄电池负极
	更换线束,重新测量3缸线束3号端子与电脑端83端子之间的电阻	显示电阻值0.5 Ω	
	安装新线束插头	新线束安装完毕	接好蓄电池负极
	安装IT-Ⅱ诊断仪	故障码显示P0353	点火开关ON
	清除故障码	显示无故障码	
	读取数据流	数据流显示RPM0、0.000deg	
	收回车轮挡块	车轮挡块已收	
	收回尾气抽排管	尾气抽排管已收	
	收回翼子板布、前盖布	翼子板布、前盖布已收	
	收回三件套	三件套已收	
	关车门,将钥匙放回工具车	整理工作结束	
	安装车轮挡块	安装完毕	
	安装尾气抽排管	尾气抽排管安装完毕	

续表

故障名称	检查内容	检查记录	提示语
点火系复合故障	安装驾驶室三件套	三件套安装完毕	
	铺上翼子板布、前盖布	防护垫安装完毕	
	拆下发动机隔音板	拆卸完毕	
	拆下发动机水箱盖板	拆卸完毕	
	查看发动机冷却液	液面正常	
	查看发动机机油	液面正常	
	安装IT－Ⅱ诊断仪	故障码显示P0351、P0354	点火开关ON
	清除故障码	故障码显示P0351、P0354	
	读取数据流	数据流显示RPM0、0.000deg	
	分别拔下1、4缸点火线圈插头，分别测量1、4缸线束的1—4端子间的电压	显示电压值12.6 V	插拔接头前点火开关OFF；测量电压点火开关ON
	启动发动机，用LED指示灯分别测试1、4缸线束的3号端子	LED指示灯4缸闪烁，1缸不闪烁	启动发动机
	拆下线束电脑端插头，测量1缸线束3号端子与线束电脑端85端子之间的电阻	1缸线束显示电阻值∞，说明1缸线束断路故障	先拆蓄电池负极
	更换新线束，重新测量1缸线束3号端子与线束电脑端85端子之间的电阻	显示电阻值0.5 Ω	
	安装线束插头	线束安装完毕	接好蓄电池负极
	安装IT－Ⅱ诊断仪	故障码显示P0351、P0354	点火开关ON
	清除故障码	故障码显示P0354，说明4缸点火线圈故障	
	读取数据流	数据流显示RPM0、0.000deg	
	更换4缸点火线圈	新点火线圈更换完毕	插拔接头前点火开关OFF
	安装IT－Ⅱ诊断仪	故障码显示P0354	点火开关ON
	清除故障码	显示无故障码	
	读取数据流	数据流显示RPM0、0.000deg	
	收回车轮挡块	车轮挡块已收	
	收回尾气抽排管	尾气抽排管已收	
	收回翼子板布、前盖布	翼子板布、前盖布已收	
	收回三件套	三件套已收	
	关车门，将钥匙放回工具车	整理工作结束	

二、任务实施与考核

点火系检修的任务实施与考核如表 1-33 所示。

表 1-33　点火系检修的任务实施与考核

车辆信息	整车型号		
	车辆识别代码		
	发动机型号		
故障描述			
项目	任务实施记录内容		备注
一、前期准备			
二、安全检查			
三、仪器连接			
四、故障现象确认			
五、故障代码检查			
六、正确读取数据和清除故障码（当定格数据和动态数据中不存在反映故障码特征的相关数据时，应填写"无"）	1. 定格数据记录（只记录故障发生时的数据帧内容）包括： （1）基本数据； （2）定格数据中除基本数据外的反映故障码特征的相关数据。 2. 与故障码特征相关的动态数据记录。 3. 清除故障码。 4. 确认故障码是否再次出现，并填写结果		
七、确定故障范围	根据上述检查进行判断并填写可能的故障范围		
八、基本检查			
九、部件测试	对被怀疑的部件进行部件测试。 需注明元件名称/插接件代码、针脚编号和测量结果		
十、电路测量	对被怀疑的线路进行测量，需注明插件代码和编号，控制单元针脚代号以及测量结果		
十一、故障部位确认和排除	根据上述的所有检测结果，确定故障内容并注明： 1. 确定的故障。 2. 故障点的排除处理说明		
十二、维修结果确认（表中项目检查有内容时填写检查结果，如果没有时填写"无"）	1. 维修后故障代码读取，并填写读取结果。 2. 与原故障码相关的动态数据检查结果。 3. 维修后的功能确认并填写结果		
十三、现场恢复			

任务八　爆震传感器的结构原理与检修

学习目标

1. 正确描述爆震传感器的作用、结构及工作原理。
2. 正确使用检测仪器，对爆震传感器计进行检修。
3. 注意培养环保、安全意识及团队协作能力。

任务引入

一辆丰田卡罗拉，行驶 10 000 km，打开仪表盘点火开关至启动挡，冷车状态下启动后发动机运转正常，路试发动机底速噪声明显，加速、上坡时噪声显著加大，无力现象明显。故障灯亮。

此故障现象说明，当汽车发动机的工况需要动力支持时，汽车表现故障现象明显，由于正常行驶状况表现基本良好，故怀疑与点火系统有关。因故障灯亮，故先着手查找电控系统故障。此类故障一般与爆震传感器有关，所以我们先学习爆震传感器的相关知识。

相关知识

一、爆震传感器的作用

爆震传感器是发动机爆震传感器（Engine Detonation Sensor，EDS）的简称，其功用是将发动机爆震信号转换为电信号输入发动机 ECU，以便 ECU 通过修正点火提前角来消除爆震。发动机爆震是指汽缸内的可燃混合气在火焰到达之前自行燃烧导致压力急剧上升而引起缸体振动的现象。爆震不仅会导致发动机输出功率降低，而且可能导致发动机损坏。在发动机电子控制系统中，当点火时刻采用闭环控制时，就能有效地抑制发动机爆震，并能提高动力性。因此，爆震传感器是点火提前角闭环控制系统必不可少的传感器。

二、爆震传感器的类型及结构原理

1. 压电式爆震传感器

压电式爆震传感器利用 1880 年发现的压电效应制成，如图 1-92 所示。压电效应是指某些晶体（如石英、酒石酸盐、食盐、糖）的薄片受到压力或机械震动之后产生电荷的现象。当晶体受到外力作用时，在晶体的某两个表面上就会产生电荷（输出电压）；当外力去掉时，晶体又恢复到不带电状态；晶体受力产生的电荷量与外力大小成正比。

当发动机缸体产生振动时，传感器套筒底座及惯性配重随之产生振动，套筒底座和配重的振动作用在压电元件上。爆震时，传感器输出一个脉冲电压信号，爆震强度越强，振幅越大；爆震强度越弱，振幅越小。强度有关的交变电压信号，如图 1-93 所示。试验证明：发动机爆震产生的压力冲击波频率是 6～9 kHz 时振动强度较大，所以信号电压较高。发动机转速越高，信号电压幅值越大。

图 1-92 压电式爆震传感器

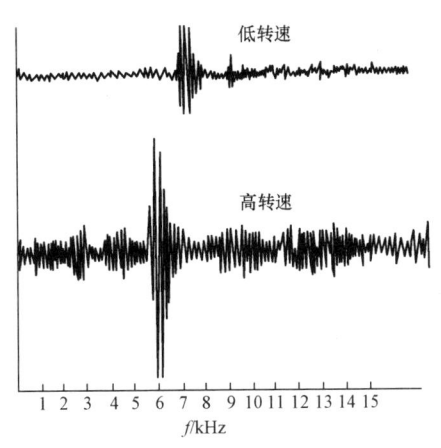

图 1-93 转速不同时压电式非共振型爆震传感器的输出波形

发动机爆震是在活塞运行到压缩上止点前后产生的，此时缸体振动强度最大，所以爆震传感器在活塞运行到压缩上止点前后产生的输出电压较高。爆震传感器输出信号与曲轴转角的对应关系如图 1-94 所示，传感器的灵敏度约为 20 mV/g（$g=9.8$ m/s^2）。

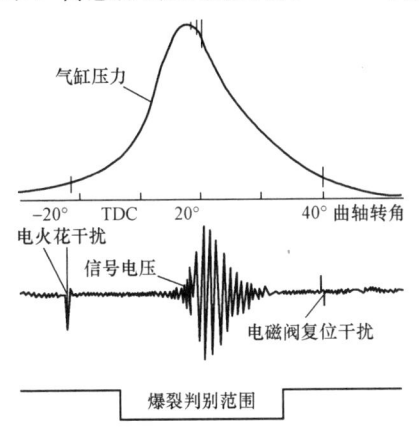

图 1-94 爆震传感器输出信号的对应关系

2. 磁致伸缩式爆震传感器

（1）磁致伸缩式爆震传感器的结构特点

磁致伸缩式爆震传感器为共振型爆震传感器，结构如图 1-95 所示，主要由感应线圈、伸缩杆、永久磁铁和壳体组成。伸缩杆用高镍合金制成，在其一端设置有永久磁铁，另一端安放在弹性元件上。传感线圈绕制在伸缩杆的周围，线圈两端引出电极与控制线路连接。

磁致伸缩式爆震传感器的外形结构与发动机润滑油压力传感器相似，其不同之处在于旋入发动机缸体部分爆震传感器为实心结构，油压力传感器则设置有进油孔。

（2）磁致伸缩式爆震传感器的工作原理

当发动机缸体产生振动时，传感器的伸缩杆就会随之振动，感应线圈中的磁通量就会发生变化。由电磁感应原理可知，线圈中就会感应产生交变电动势，即传感器就有信号电压输出，输出电压高低取决于发动机的振动强度和振动频率。当发动机缸体振动频率达到6～9 kHz时，传感器产生共振，振动强度最大，线圈中产生的电压最高，如图1-96所示。

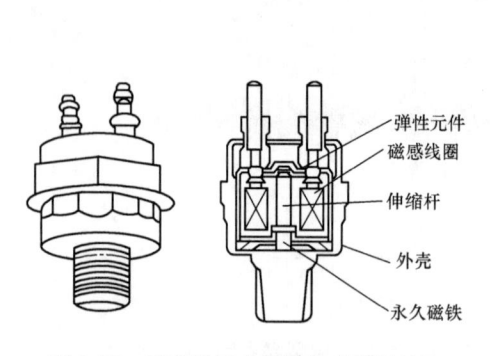

图1-95 磁致伸缩式爆震传感器的结构

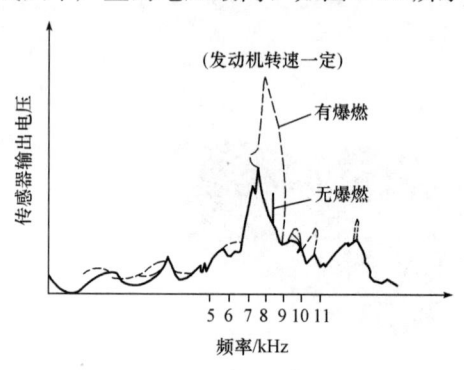

图1-96 共振型爆震传感器信号波形

3. 压力检测式爆震传感器

直接检测燃烧压力来检测发动机爆震是测量精度最高的测量方法，但传感器安装困难且耐久性较差。汽车使用的是一种间接检测燃烧压力的方法，检测燃烧压力的传感器安装在火花塞垫圈下面，如图1-97所示。这种传感器又称为垫圈式爆震传感器，奥迪轿车采用过这种传感器。垫圈式爆震传感器是一种非共振型压电效应式传感器，结构原理与前述压电式爆震传感器相同。传感器安装在火花塞垫圈与发动机汽缸盖之间，燃烧压力作用到火花塞上，经过火花塞垫圈再传递给传感器。当作用力变化时，传感器信号电压随之变化，从而间接地测量燃烧压力。

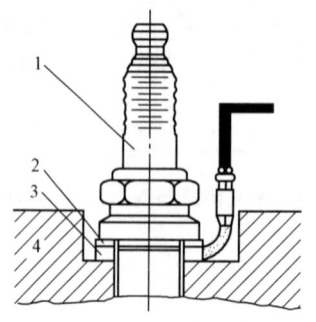

图1-97 垫圈式爆震传感器安装位置
1—火花塞；2—垫圈；3—爆震传感器；4—汽缸盖

三、爆震传感器电路

爆震传感器电路如图 1-98 所示。

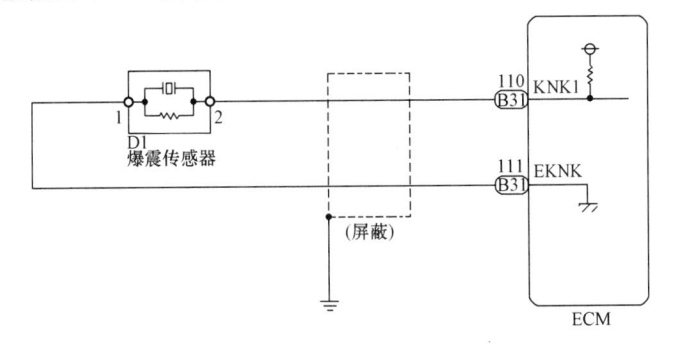

图 1-98　爆震传感器电路

任务实施与考核

一、技能学习

1. 查找相关技术资料

（1）爆震传感器的拆卸

1）排净发动机冷却液。

2）拆下 2 号汽缸盖罩。

3）拆下空气滤清器盖分总成。

4）拆下节气门体总成。

5）拆下进气歧管。

6）拆下爆震控制传感器：

①断开爆震控制传感器连接器。

②拆下螺栓和爆震控制传感器，如图 1-99 所示。

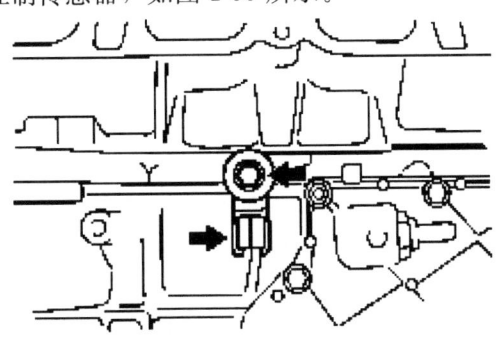

图 1-99　拆卸爆震传感器

（2）爆震传感器的检查

1）检查爆震传感器电阻。根据表1-34，参考图1-100，用数字万用表测量电阻。

表1-34 标准电阻

检测仪连接	条件	规定状态
1—2	20℃（68°F）	120～280 kΩ

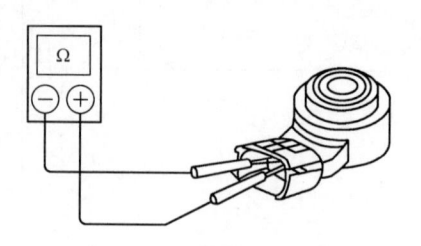

图1-100 检查爆震传感器电阻

2）检查爆震传感器电压。根据表1-35，参考图1-101，用数字万用表测量电压。

表1-35 标准电压

检测仪连接	条件	规定状态
D1—2—D1—1	点火开关置于ON位置	4.5～5.5 V

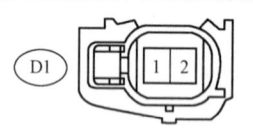

图1-101 检查爆震传感器电压

3）检查爆震传感器线束。根据表1-36和表1-37，参考图1-102，用数字万用表测量电阻。

表1-36 标准电阻（一）　　　　　　　　　　　　　　　　Ω

检测仪连接	条件	规定状态
D1—2—B31—110（KNK1）	始终	小于1
D1—1—B31—111（EKNK）	始终	小于1

表1-37 标准电阻（二）　　　　　　　　　　　　　　　　kΩ

检测仪连接	条件	规定状态
D1—2或B31—110（KNK1）—车身搭铁	始终	10或更大
D1—1或B31—111（EKNK）—车身搭铁	始终	10或更大

（3）爆震传感器的安装

1）用螺栓安装爆震控制传感器，扭矩为 20 N·m。

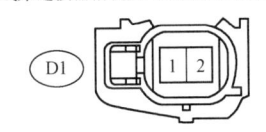

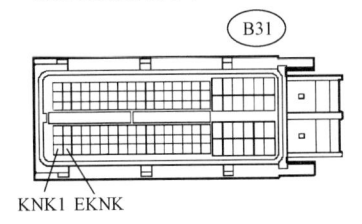

图 1-102 检查爆震传感器线束

注意：应确保爆震控制传感器安装在正确的位置，如图 1-103 所示。

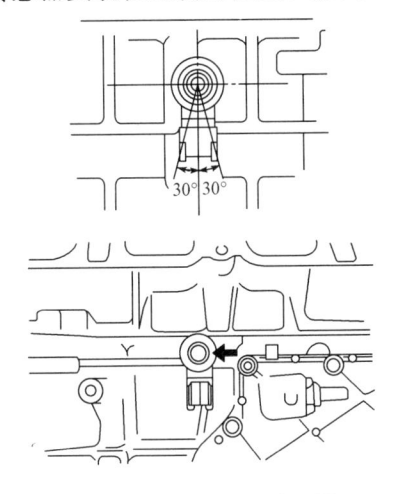

图 1-103 安装爆震传感器

2）连接爆震控制传感器连接器。

3）安装进气歧管。

4）安装节气门体总成。

5）安装空气滤清器盖分总成。

6）安装 2 号汽缸盖罩。

7）添加发动机冷却液。

8）检查冷却液是否泄漏。

2. 操作步骤

爆震传感器的检修步骤如表 1-38 所示。

表 1-38 爆震传感器的检修步骤

故障名称	检查内容	检查记录	提示语
爆震传感器故障	安装车轮挡块	安装完毕	
	安装尾气抽排管	尾气抽排管安装完毕	
	安装驾驶室三件套	三件套安装完毕	
	铺上翼子板布、前盖布	防护垫安装完毕	
	拆下发动机隔音板	拆卸完毕	
	拆下发动机水箱盖板	拆卸完毕	
	查看发动机冷却液	液面正常	
	查看发动机机油	液面正常	
	安装 IT-Ⅱ诊断仪读取故障码	故障码显示 P0328	点火开关 ON
	清除故障码	故障码显示 P0328	
	读取数据流	数据流显示	
	检查爆震传感器的安装	传感器端子连接牢固可靠	
	拆下爆震传感器线束插头	线束端电压为 4.5~5.5 V	插拔接头前点火开关 OFF
	安装 IT-Ⅱ诊断仪	故障码显示 P0328	点火开关 ON
	清除故障码	故障码显示 P0328	
	读取数据流	数据流显示	
	测量传感器 1-2 端子	显示电阻值∞，说明传感器损坏故障	
	更换爆震传感器，重新测量传感器 1-2 端子的电阻	显示电阻值 180 kΩ，新传感器正常	插拔接头前点火开关 OFF
	安装爆震传感器及插头	新传感器安装完毕	
	安装 IT-Ⅱ诊断仪	读取故障码：P0328	点火开关 ON
	清除故障码	显示无故障码	
	读取数据流	显示	
	收回车轮挡块	车轮挡块已收	
	收回尾气抽排管	尾气抽排管已收	
	收回翼子板布、前盖布	翼子板布、前盖布已收	
	收回三件套	三件套已收	
	关车门，将钥匙放回工具车	整理工作结束	

续表

故障名称	检查内容	检查记录	提示语
爆震传感器线束故障	安装车轮挡块	安装完毕	
	安装尾气抽排管	尾气抽排管安装完毕	
	安装驾驶室三件套	三件套安装完毕	
	铺上翼子板布、前盖布	防护垫安装完毕	
	拆下发动机隔音板	拆卸完毕	
	拆下发动机水箱盖板	拆卸完毕	
	查看发动机冷却液	液面正常	
	查看发动机机油	液面正常	
	安装IT－Ⅱ诊断仪	故障码显示 P0328	点火开关 ON
	清除故障码	故障码显示 P0328	
	读取数据流	数据流显示	
	检查爆震传感器的安装	传感器端子连接牢固可靠	
	安装IT－Ⅱ诊断仪	故障码显示 P0328	点火开关 ON
	清除故障码	故障码显示 P0328	
	读取数据流	数据流显示	
	拆下爆震传感器线束插头	线束端电压为 0 V，说明传感器线束断路故障	先拆蓄电池负极
	更换爆震传感器线束，重检线束 1 号端子与线束电脑端 111 端子的电阻，线束 2 号端子与线束电脑端 110 端子的电阻	显示电阻值 0.5 Ω，新线束正常	
	安装新线束插头	新线束安装完毕	接好蓄电池负极
	安装IT－Ⅱ诊断仪	故障码显示 P0328	点火开关 ON
	清除故障码	故障码无显示	
	读取数据流	数据流显示	
	收回车轮挡块	车轮挡块已收	
	收回尾气抽排管	尾气抽排管已收	
	收回翼子板布、前盖布	翼子板布、前盖布已收	
	收回三件套	三件套已收	
	关车门，将钥匙放回工具车	整理工作结束	

续表

故障名称	检查内容	检查记录	提示语
爆震传感器复合故障	安装车轮挡块	安装完毕	
	安装尾气抽排管	尾气抽排管安装完毕	
	安装驾驶室三件套	三件套安装完毕	
	铺上翼子板布、前盖布	防护垫安装完毕	
	拆下发动机隔音板	拆卸完毕	
	拆下发动机水箱盖板	拆卸完毕	
	查看发动机冷却液	液面正常	
	查看发动机机油	液面正常	
	安装IT－Ⅱ诊断仪	故障码显示 P0328	点火开关 ON
	清除故障码	故障码显示 P0328	
	读取数据流	数据流显示	
	检查爆震传感器的安装	传感器端子连接牢固可靠	
	拆下爆震传感器线束插头	线束端电压为 0 V，说明传感器线束断路故障	先拆蓄电池负极
	更换爆震传感器线束，重检线束1号端子与线束电脑端111端子的电阻，线束2号端子与线束电脑端110端子的电阻	显示电阻值0.5 Ω，新线束正常	
	安装新线束插头	新线束安装完毕	接好蓄电池负极
	测量传感器1－2端子	显示电阻值∞，说明传感器损坏故障	
	更换爆震传感器，重新测量传感器1－2端子的电阻	显示电阻值 180 kΩ，新传感器正常	插拔接头前点火开关 OFF
	安装爆震传感器及插头	新传感器安装完毕	
	安装IT－Ⅱ诊断仪	读取故障码：P0328	点火开关 ON
	清除故障码	显示无故障码	
	读取数据流	显示	
	收回车轮挡块	车轮挡块已收	
	收回尾气抽排管	尾气抽排管已收	
	收回翼子板布、前盖布	翼子板布、前盖布已收	
	收回三件套	三件套已收	
	关车门，将钥匙放回工具车	整理工作结束	

二、任务实施与考核

爆震传感器检修的任务实施与考核如表 1-39 所示。

表 1-39 爆震传感器检修的任务实施与考核

项目		任务实施记录内容	备注
车辆信息	整车型号		
	车辆识别代码		
	发动机型号		
故障描述			
项目		任务实施记录内容	备注
一、前期准备			
二、安全检查			
三、仪器连接			
四、故障现象确认			
五、故障代码检查			
六、正确读取数据和清除故障码（当定格数据和动态数据中不存在反映故障码特征的相关数据时，应填写"无"）		1. 定格数据记录（只记录故障发生时的数据帧内容）包括： （1）基本数据； （2）定格数据中除基本数据外的反映故障码特征的相关数据。 2. 与故障码特征相关的动态数据记录。 3. 清除故障码。 4. 确认故障码是否再次出现，并填写结果	
七、确定故障范围		根据上述检查进行判断并填写可能的故障范围	
八、基本检查			
九、部件测试		对被怀疑的部件进行部件测试。 需注明元件名称/插接件代码、针脚编号和测量结果	
十、电路测量		对被怀疑的线路进行测量，需注明插件代码和编号，控制单元针脚代号以及测量结果	
十一、故障部位确认和排除		根据上述的所有检测结果，确定故障内容并注明： 1. 确定的故障。 2. 故障点的排除处理说明	
十二、维修结果确认（表中项目检查有内容时填写检查结果，如果没有时填写"无"）		1. 维修后故障代码读取，并填写读取结果。 2. 与原故障码相关的动态数据检查结果。 3. 维修后的功能确认并填写结果	
十三、现场恢复			

任务九　曲轴位置传感器的结构原理与检修

学习目标

1. 正确描述曲轴位置传感器的作用、结构及工作原理。
2. 正确使用检测仪器，对曲轴位置传感器计进行检修。
3. 注意培养环保、安全意识及团队协作能力。

任务引入

一辆丰田轿车，打开仪表盘点火开关至启动挡，正常状态下发动机无法启动，启动机运转正常，故障灯亮。

汽车发动机无法启动与油、气、电有很大的关系，而电子控制系统车辆的发动机问题还有可能由传感器及防盗系统引起，因故障灯亮，故先着手查找电控系统故障。此类故障一般与曲轴位置传感器有关，所以我们先学习曲轴位置传感器的相关知识。

相关知识

一、曲轴位置传感器的作用

曲轴位置传感器又称为发动机转速与曲轴转角传感器。曲轴位置传感器的功用是：采集发动机曲轴转速与转角信号，并输入 ECU，以便计算确定并控制喷油提前角与点火提前角。

二、曲轴位置传感器的类型及结构原理

发动机燃油喷射系统常用的曲轴位置传感器分为光电式、磁感应式和霍尔式三种类型。其中磁感应式和霍尔式最为常用。

1. 磁感应式曲轴位置传感器

磁感应式传感器的突出优点是不需要外加电源，永久磁铁起着将机械能变换为电能的作用，其磁能不会损失。当发动机转速变化时，转子凸齿转动的速度将发生变化，铁芯中的磁通变化率也将随之发生变化。转速越高，磁通变化率就越大，传感线圈中的感应电动势也就越高，如图 1-104 所示。

由于转子凸齿与磁头间的气隙直接影响磁路的磁阻和传感线圈输出电压的高低，因此，

转子凸齿与磁头间的气隙在使用中不能随意变动。气隙如有变化，必须按规定进行调整，气隙大小一般设计为 0.2～0.4 mm。

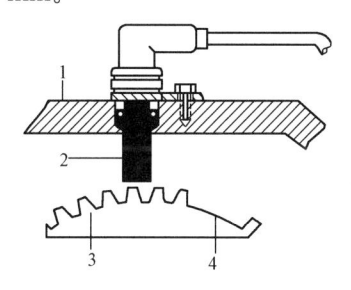

图 1-104　磁感应式曲轴位置传感器的结构
1—缸体；2—传感器磁头；3—信号转子；4—大齿缺（输出曲轴位置基准标记）

2. 差动霍尔式曲轴位置传感器

差动霍尔式传感器的结构特点：差动霍尔式传感器又称为双霍尔式传感器，其外形结构与磁感应式传感器十分相似，但工作原理有所不同。差动霍尔式传感器的基本结构如图 1-105（a）所示，由带凸齿的信号转子和霍尔信号发生器组成。

差动霍尔式传感器的工作原理与普通霍尔式传感器相同。根据霍尔式传感器的工作原理，当信号转子上的齿缺与凸齿转过差动霍尔电路的两个元件时，齿缺或凸齿与霍尔元件之间的气隙就会发生变化，磁通量随之变化，霍尔元件中就会产生交变电压信号，如图 1-105（b）所示，其输出电压由两个霍尔信号电压叠加而成。因为输出信号为叠加信号，所以转子凸齿与信号发生器之间的气隙可以增大到 1 mm±0.5 mm（普通霍尔式传感器仅为 0.2～0.4 mm），从而便可将信号转子设置成像磁感应式传感器转子一样的齿盘式结构，其突出优点是传感器安装方便。在汽车上，一般将凸齿转子设装在发动机曲轴上或将发动机飞轮作为传感器的信号转子。

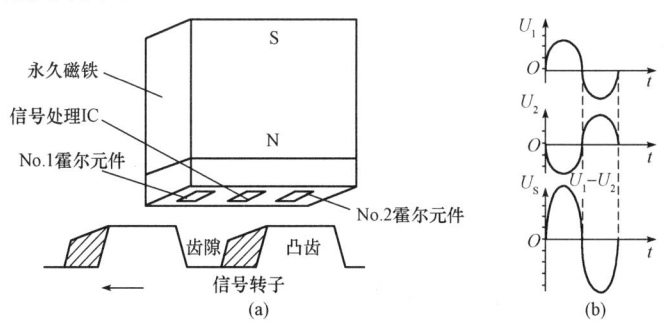

图 1-105　差动霍尔式传感器的基本结构

三、曲轴位置传感器电路

曲轴位置传感器电路如图 1-106 所示。

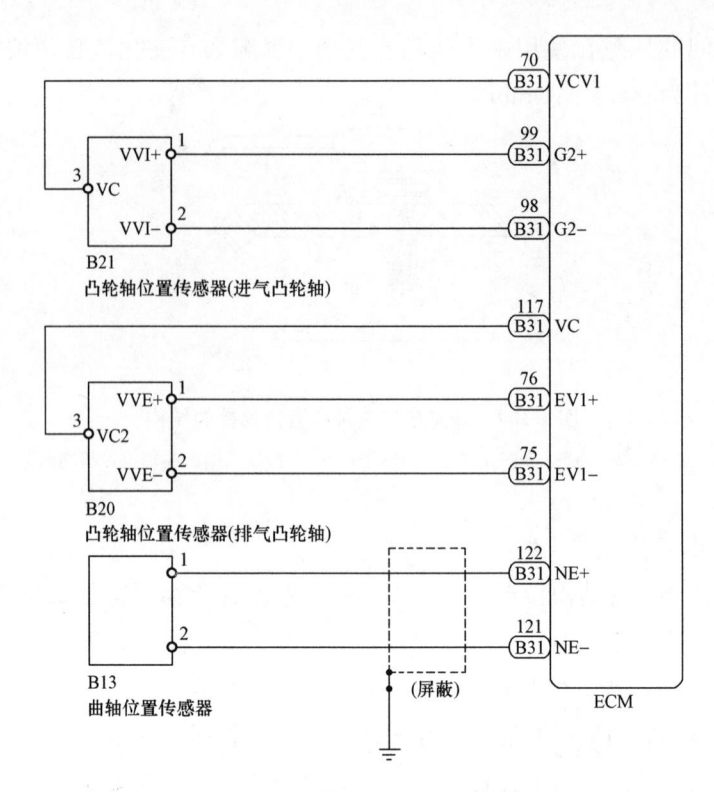

图 1-106　曲轴位置传感器电路

任务实施与考核

一、技能学习

1. 查找相关技术资料

（1）曲轴位置传感器的拆卸

1）拆下发动机右底罩。

2）拆下曲轴位置传感器，如图 1-107 所示。

图 1-107　拆卸曲轴位置传感器

① 断开曲轴位置传感器连接器。

② 拆下螺栓和曲轴位置传感器。

(2) 曲轴位置传感器的检查

1) 检查曲轴位置传感器电阻。根据表1-40，参考图1-108，用数字万用表测量电阻。

提示："冷态"和"热态"是指线圈自身的温度。"冷态"为-10℃～50℃，"热态"为50℃～100℃。如果电阻不符合规定，则更换传感器。

表1-40　标准电阻　　　　　　　　　　　　　　　　　　　　　　Ω

检测仪连接	条件	规定状态
1—2	冷态	1 630～2 740
	热态	2 066～3 025

图1-108　检查曲轴位置传感器电阻

2) 检查曲轴位置传感器线束。根据表1-41和表1-42，参考图1-109，用欧姆表测量电阻。

表1-41　标准电阻（一）　　　　　　　　　　　　　　　　　　　Ω

检测仪连接	条件	规定状态
B13-1—B31-122（NE+）	始终	小于1
B13-2—B31-121（NE-）	始终	小于1

表1-42　标准电阻（二）　　　　　　　　　　　　　　　　　　　kΩ

检测仪连接	条件	规定状态
B13-1—B31-122（NE+）	始终	10或更大
B13-2—B31-121（NE-）	始终	10或更大

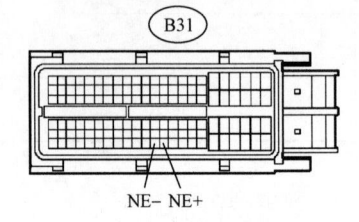

图 1-109　检查曲轴位置传感器线束

3）检查曲轴位置传感器安装情况。曲轴位置传感器的安装情况如图 1-110 所示。

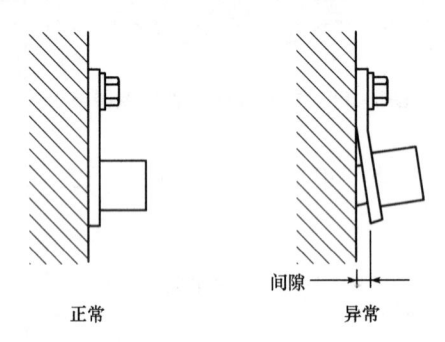

图 1-110　检查曲轴位置传感器的安装情况

(3) 曲轴位置传感器的安装

1) 安装曲轴位置传感器。

①连接曲轴位置传感器连接器。

②用螺栓上紧曲轴位置传感器。

2) 安装发动机右底罩。

2. 操作步骤

曲轴位置传感器的检修步骤如表 1-43 所示。

表 1-43 曲轴位置传感器的检修步骤

故障名称	检查内容	检查记录	提示语
曲轴位置传感器故障	安装车轮挡块	安装完毕	
	安装尾气抽排管	尾气抽排管安装完毕	
	安装驾驶室三件套	三件套安装完毕	
	铺上翼子板布、前盖布	防护垫安装完毕	
	拆下发动机隔音板	拆卸完毕	
	拆下发动机水箱盖板	拆卸完毕	
	查看发动机冷却液	液面正常	
	查看发动机机油	液面正常	
	安装 IT－Ⅱ 诊断仪	故障码显示 P0340、P0335	点火开关 ON
	清除故障码	故障码显示 P0335	
	读取数据流	数据流显示 RPM0	
	检查曲轴位置传感器的安装	传感器端子连接牢固可靠	
	拆下插头，检查传感器的 1—2 端子电阻	显示电阻值 ∞，说明传感器损坏故障	插拔接头前点火开关 OFF
	更换曲轴位置传感器，重新测量传感器 1—2 端的电阻	显示电阻值 2.1 kΩ，新传感器正常	
	安装曲轴位置传感器及插头	新传感器安装完毕	
	安装 IT－Ⅱ 诊断仪	故障码显示 P0335	点火开关 ON
	清除故障码	显示无故障码	
	读取数据流	数据流显示 RPM0	
	收回车轮挡块	车轮挡块已收	
	收回尾气抽排管	尾气抽排管已收	
	收回翼子板布、前盖布	翼子板布、前盖布已收	
	收回三件套	三件套已回收	
	关车门，将钥匙放回工具车	整理工作结束	

续表

故障名称	检查内容	检查记录	提示语
曲轴位置传感器线束故障	安装车轮挡块	安装完毕	
	安装尾气抽排管	尾气抽排管安装完毕	
	安装驾驶室三件套	三件套安装完毕	
	铺上翼子板布、前盖布	防护垫安装完毕	
	拆下发动机隔音板	拆卸完毕	
	拆下发动机水箱盖板	拆卸完毕	
	查看发动机冷却液	液面正常	
	查看发动机机油	液面正常	
	安装IT-Ⅱ诊断仪	故障码显示P0340、P0335	点火开关ON
	清除故障码	故障码显示P0335	
	读取数据流	数据流显示RPM0	
	检查曲轴位置传感器的安装	传感器端子连接牢固可靠	
	拆下插头,检查传感器的1—2端子的电阻	显示电阻值2.1 kΩ,正常	插拔接头前点火开关OFF
	拆下线束电脑端插头,测量线束1号端子与线束电脑端122端子的电阻,线束2号端子与线束电脑端121端子的电阻	显示电阻值∞,说明传感器线束断路故障	先拆蓄电池负极
	更换曲轴位置传感器线束,重新测量线束1号端子与线束电脑端122端子的电阻,线束2号端子与线束电脑端121端子的电阻	显示电阻值0.5 Ω,新线束正常	
	安装新线束插头	新线束安装完毕	接好蓄电池负极
	安装IT-Ⅱ诊断仪	故障码显示P0335	点火开关ON
	清除故障码	显示无故障码	
	读取数据流	数据流显示RPM0	
	收回车轮挡块	车轮挡块已收	
	收回尾气抽排管	尾气抽排管已收	
	收回翼子板布、前盖布	翼子板布、前盖布已收	
	收回三件套	三件套已收	
	关车门,将钥匙放回工具车	整理工作结束	

续表

故障名称	检查内容	检查记录	提示语
曲轴位置传感器复合故障	安装车轮挡块	安装完毕	
	安装尾气抽排管	尾气抽排管安装完毕	
	安装驾驶室三件套	三件套安装完毕	
	铺上翼子板布、前盖布	防护垫安装完毕	
	拆下发动机隔音板	拆卸完毕	
	拆下发动机水箱盖板	拆卸完毕	
	查看发动机冷却液	液面正常	
	查看发动机机油	液面正常	
	安装IT-Ⅱ诊断仪	故障码显示P0340、P0335	点火开关ON
	清除故障码	故障码显示P0335	
	读取数据流	数据流显示RPM0	
	检查曲轴位置传感器的安装	传感器端子连接牢固可靠	
	拔下插头，检查传感器1—2端子的电阻	显示电阻值∞，说明传感器损坏故障	插拔接头前点火开关OFF
	更换曲轴位置传感器，重新测量传感器1—2端的电阻	显示电阻值2.1 kΩ，新传感器正常	
	安装新曲轴位置传感器及插头	新传感器安装完毕	
	安装IT-Ⅱ诊断仪	故障码显示P0335	点火开关ON
	清除故障码	故障码显示P0335	
	读取数据流	数据流显示RPM0	
	拆下线束电脑端插头，测量线束1号端子与线束电脑端122端子的电阻，线束2号端子与线束电脑端121端子的电阻	显示电阻值∞，说明传感器线束断路故障	先拆蓄电池负极
	更换曲轴位置传感器线束，重检线束1号端子与线束电脑端122端子的电阻，线束2号端子与线束电脑端121端子的电阻	显示电阻值0.5 Ω，新线束正常	
	安装新线束插头	新线束安装完毕	接好蓄电池负极
	安装IT-Ⅱ诊断仪	故障码显示P0335	点火开关ON
	清除故障码	显示无故障码	
	读取数据流	数据流显示RPM0	
	收回车轮挡块	车轮挡块已收	
	收回尾气抽排管	尾气抽排管已收	
	收回翼子板布、前盖布	翼子板布、前盖布已收	
	收回三件套	三件套已收	
	关车门，将钥匙放回工具车	整理工作结束	

二、任务实施与考核

曲轴位置传感器检修的任务实施与考核如表 1-44 所示。

表 1-44 曲轴位置传感器检修的任务实施与考核

车辆信息	整车型号		
	车辆识别代码		
	发动机型号		
故障描述			
项目		任务实施记录内容	备注
一、前期准备			
二、安全检查			
三、仪器连接			
四、故障现象确认			
五、故障代码检查			
六、正确读取数据和清除故障码（当定格数据和动态数据中不存在反映故障码特征的相关数据时，应填写"无"）		1. 定格数据记录（只记录故障发生时的数据帧内容）包括： （1）基本数据； （2）定格数据中除基本数据外的反映故障码特征的相关数据。 2. 与故障码特征相关的动态数据记录。 3. 清除故障码。 4. 确认故障码是否再次出现，并填写结果	
七、确定故障范围		根据上述检查进行判断并填写可能的故障范围	
八、基本检查			
九、部件测试		对被怀疑的部件进行部件测试。 需注明元件名称/插接件代码、针脚编号和测量结果	
十、电路测量		对被怀疑的线路进行测量，需注明插接件代码和编号，控制单元针脚代号以及测量结果	
十一、故障部位确认和排除		根据上述的所有检测结果，确定故障内容并注明： 1. 确定的故障。 2. 故障点的排除处理说明	
十二、维修结果确认（表中项目检查有内容时填写检查结果，如果没有时填写"无"）		1. 维修后故障代码读取，并填写读取结果。 2. 与原故障码相关的动态数据检查结果。 3. 维修后的功能确认并填写结果	
十三、现场恢复			

任务十　凸轮轴位置传感器的结构原理与检修

学习目标

1. 正确描述凸轮轴位置传感器的作用、结构及工作原理。
2. 正确使用检测仪器，对凸轮轴位置传感器进行检修。
3. 注意培养环保、安全意识及团队协作能力。

任务引入

一辆丰田轿车，打开仪表盘点火开关至启动挡，正常状态下发动机启动困难，多次操作才能启动，启动机后怠速不稳，油耗增加，故障灯亮。

汽车发动机启动困难多与"三缺"有关，即缺油、缺气、缺电。通常应先检查燃油压力、空气滤清器及蓄电池，因故障灯亮，故应先着手查找电控系统故障。此类故障一般与凸轮轴位置传感器有关，所以我们先学习凸轮轴位置传感器的相关知识。

相关知识

一、凸轮轴位置传感器的作用

凸轮轴位置传感器的功用是：采集配气凸轮轴的位置信号并输入ECU，以便确定活塞处于压缩（或排气）冲程上止点的位置。

二、霍尔式凸轮轴位置传感器的结构及原理

各种类型的霍尔式和差动霍尔式传感器都是根据霍尔效应制成。霍尔效应是美国约翰·霍普金斯大学物理学家霍尔博士首先发现的。

1. 霍尔效应

霍尔博士于1879年发现：把一个通有电流的长方体形白金导体垂直于磁力线放入磁感应强度为B的磁场中时，如图1-111所示，在白金导体的两个横向侧面上就会产生一个垂直于电流方向和磁场方向的电压U_H，当取消磁场时电压立即消失。后人称该电压为霍尔电压，U_H与通过白金导体的电流I和磁感应强度B成正比。

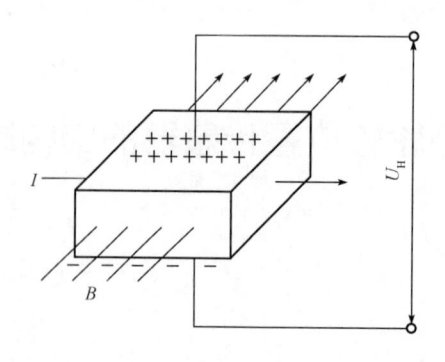

图 1-111　霍尔效应

利用霍尔效应制成的元件称为霍尔元件，利用霍尔元件制成的传感器称为霍尔效应式传感器，简称霍尔式传感器或霍尔传感器。1947 年半导体器件出现后，霍尔效应在自动控制技术领域才得以应用。从 20 世纪 70 年代开始，它在汽车技术领域得到了广泛应用。实验证明，半导体材料也存在霍尔效应，且霍尔系数远远大于金属材料的霍尔系数。因此，一般都用半导体材料制作霍尔元件。利用霍尔效应不仅可以通过接通和切断磁场来检测电压，而且可以检测导线中流过的电流，因为导线周围的磁场强弱与流过导线的电流成正比关系。自 20 世纪 80 年代以来，汽车上应用的霍尔式传感器与日俱增，主要原因在于霍尔式传感器有两个突出优点：一是输出电压信号近似于方波信号；二是输出电压高低与被测物体的转速无关。霍尔效应式传感器与磁感应式传感器不同的是需要外加电源。

2. 霍尔式凸轮轴位置传感器传感器的结构原理

霍尔式传感器的基本结构如图 1-112 所示，主要由触发叶轮、霍尔集成电路、导磁钢片（磁轭）与永久磁铁等组成。触发叶轮安装在转子轴上，叶轮上制有叶片。霍尔集成电路由霍尔元件、放大电路、稳压电路、温度补偿电路、信号转换电路和输出电路等组成。

当触发叶轮随转子轴一同转动时，叶片便在霍尔集成电路与永久磁铁之间转动，而霍尔式集成电路中的磁场就会发生变化，霍尔元件中就会产生霍尔电压，经过信号处理电路处理后，就可输出方波信号。当传感器轴转动时，触发叶轮的叶片便从霍尔集成电路与永久磁铁之间的气隙中转过。当叶片进入气隙时，霍尔集成电路中的磁场被叶片阻断了旁路，如图 1-112（a）所示，霍尔电压 U_H 为 0，集成电路输出级的三极管，传感器输出的信号电压 U_O 为高电平（实测表明：当电源电压 $U_{CC}=14.4$ V 时，信号电压 $U_O=9.8$ V；当电源电压 $U_{CC}=5$ V 时，信号电压 $U_O=4.8$ V）。当叶片离开气隙时，永久磁铁的磁通便经霍尔集成电路和导磁钢片构成回路，如图 1-112（b）所示，此时霍尔元件产生电压（$U_H=1.9\sim2.0$ V），霍尔集成电路输出级的三极管导通，传感器输出的信号电压 U_O 为低电平（实测表明：当电源电压 $U_{CC}=14.4$ V 或 $U_{CC}=5$ V 时，信号电压 $U_O=0.1\sim0.3$ V）。

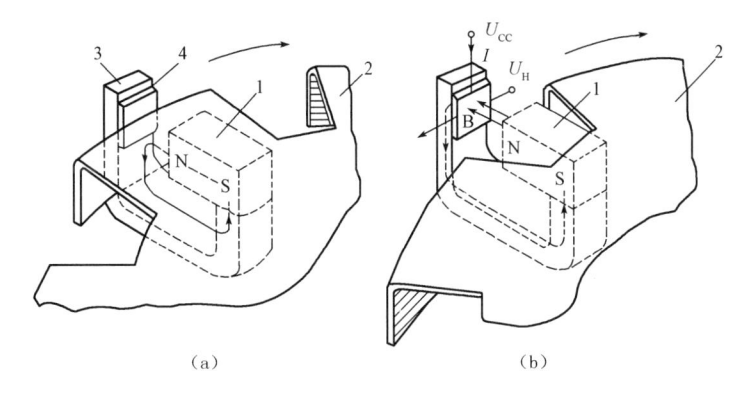

图 1-112　霍尔式凸轮轴位置传感器的结构

1—永久磁铁；2—触发叶轮；3—导磁钢片（磁轭）；4—霍尔集成电路

三、霍尔式凸轮轴位置传感器电路

霍尔式凸轮轴位置传感器电路如图 1-113 所示。

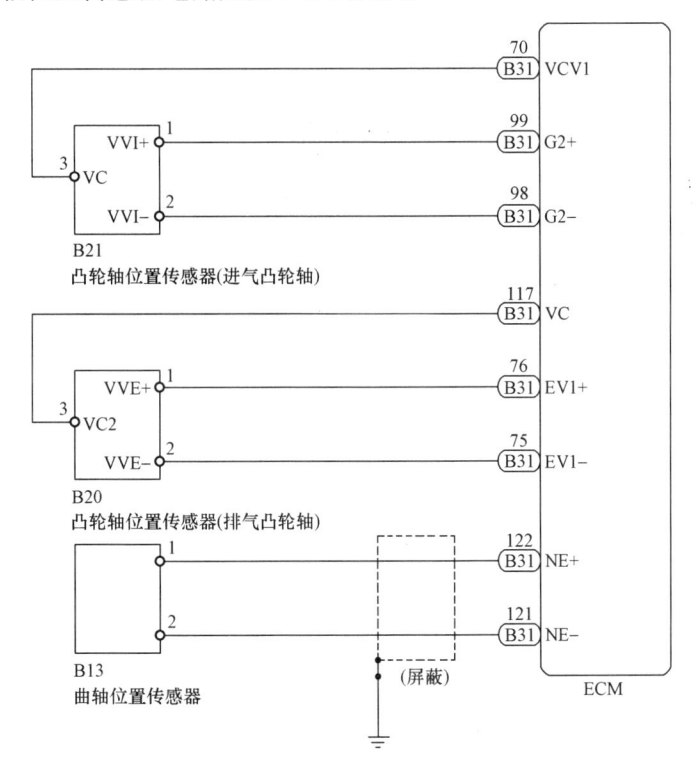

图 1-113　霍尔式凸轮轴位置传感器电路

任务实施与考核

一、技能学习

1. 查找相关技术资料

（1）霍尔式凸轮轴位置传感器的拆卸

1）拆下 2 号汽缸盖罩。

2）拆下 1 号凸轮轴位置传感器。

①进气侧：

a. 断开 1 号凸轮轴位置传感器连接器。

b. 如图 1-114 所示，拆下螺栓和 1 号凸轮轴位置传感器。

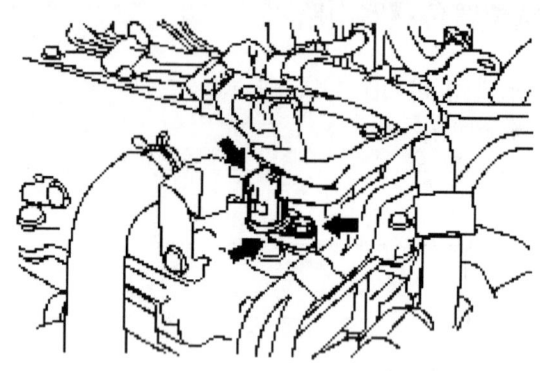

图 1-114　拆卸霍尔式凸轮轴位置传感器（进气侧）

②排气侧：

a. 断开 1 号凸轮轴位置传感器连接器。

b. 如图 1-115 所示，拆下螺栓和 1 号凸轮轴位置传感器。

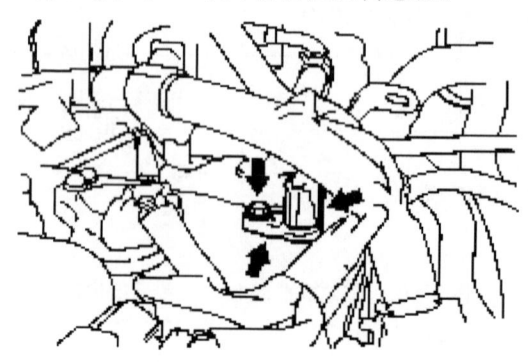

图 1-115　拆卸霍尔式凸轮轴位置传感器（排气侧）

（2）霍尔式凸轮轴位置传感器的检查

1）检查霍尔式凸轮轴位置传感器电压。根据表1-45，参考图1-116，用数字万用表测量电压。

表1-45 标准电压

检测仪连接	开关状态	规定状态
B21－3（VC）－车身搭铁	点火开关置于ON位置	4.5～5.0 V

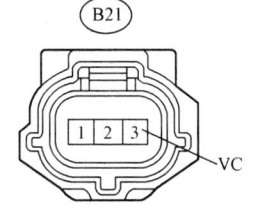

图1-116 检查霍尔式凸轮轴位置传感器电压

2）检查霍尔式凸轮轴位置传感器线束。根据表1-46和表1-47，参考图1-117，用数字万用表测量电阻。

表1-46 标准电阻（一）　　　　　　　　　Ω

检测仪连接	条件	规定状态
B21－1（VVI+）－B31－99（G2+）	始终	小于1
B21－2（VVI－）－B31－98（G2－）	始终	小于1

表1-47 标准电阻（二）　　　　　　　　　kΩ

检测仪连接	条件	规定状态
B21－1（VVI+）－B31－99（G2+）－车身搭铁	始终	10或更大
B21－2（VVI－）－B31－98（G2－）－车身搭铁	始终	10或更大

3）检查霍尔式凸轮轴位置传感器安装情况。霍尔式凸轮轴位置传感器安装情况的检查如图1-118所示。

线束连接器前视图
(至凸轮轴位置传感器)

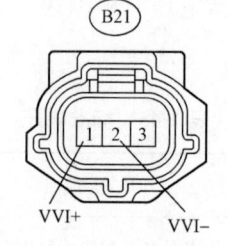

B21

VVI+   VVI-

线束连接器前视图（至ECM）

B31

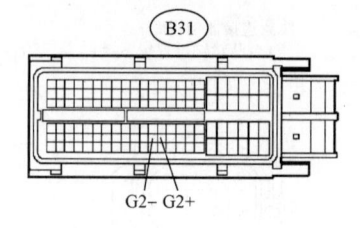

G2- G2+

图 1-117　检查霍尔式凸轮轴位置传感器线束

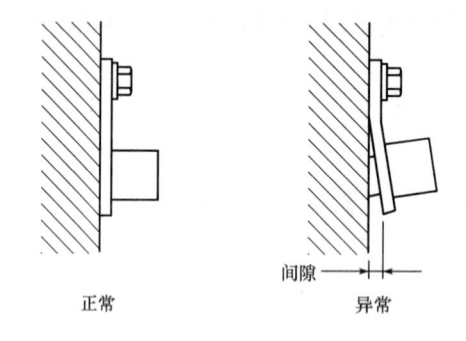

正常　　　间隙　异常

图 1-118　检查霍尔式凸轮轴位置传感器安装情况

(3) 霍尔式凸轮轴位置传感器的安装

1) 安装凸轮轴位置传感器。

①进气侧：

a. 在传感器 O 形圈上涂抹一层薄的发动机油。

b. 用螺栓安装 1 号凸轮轴位置传感器，扭矩为 10 N·m。

注意：安装时，确保 O 形圈没有破裂或卡住。

c. 连接 1 号凸轮轴位置传感器连接器。

②排气侧：

a. 在传感器 O 形圈上涂抹一层薄的发动机油。

b. 用螺栓安装 1 号凸轮轴位置传感器，扭矩为 10 N·m。

注意：安装时，确保 O 形圈没有破裂或卡住。

c. 连接 1 号凸轮轴位置传感器连接器。

2）安装2号汽缸盖罩。

2．操作步骤

凸轮轴位置传感器如表1-48所示。

表1-48 凸轮轴位置传感器

故障名称	检查内容	检查记录	提示语
凸轮轴位置传感器故障	安装车轮挡块·	安装完毕	
	安装尾气抽排管	尾气抽排管安装完毕	
	安装驾驶室三件套	三件套安装完毕	
	铺上翼子板布、前盖布	防护垫安装完毕	
	拆下发动机隔音板	拆卸完毕	
	拆下发动机水箱盖板	拆卸完毕	
	查看发动机冷却液	液面正常	
	查看发动机机油	液面正常	
	安装IT-Ⅱ诊断仪	故障码显示P0340、P0115	点火开关ON
	清除故障码	故障码显示P0340	
	读取数据流	数据流显示RPM0	
	检查凸轮轴位置传感器的安装	传感器端子连接牢固可靠	
	拆下凸轮轴位置传感器线束插头，测量线束3端子与车身搭铁之间的电压	显示电压值4.8V，正常	插拔接头前点火开关OFF；测量电压点火开关ON
	测量线束1号端子与线束电脑端99端子的电阻，线束2号端子与线束电脑端98端子的电阻	显示电阻0.5Ω，线束正常，说明传感器损坏故障	先拆蓄电池负极
	更换凸轮轴位置传感器	新传感器安装完毕	接好蓄电池负极
	安装IT-Ⅱ诊断仪	故障码显示P0340	点火开关ON
	清除故障码	显示无故障码	
	读取数据流	数据流显示RPM0	
	收回车轮挡块	车轮挡块已收	
	收回尾气抽排管	尾气抽排管已收	
	收回翼子板布、前盖布	翼子板布、前盖布已收	
	收回三件套	三件套已收	
	关车门，将钥匙放回工具车	整理工作结束	

续表

故障名称	检查内容	检查记录	提示语
凸轮轴位置传感器线束故障	安装车轮挡块	安装完毕	
	安装尾气抽排管	尾气抽排管安装完毕	
	安装驾驶室三件套	三件套安装完毕	
	铺上翼子板布、前盖布	防护垫安装完毕	
	拆下发动机隔音板	拆卸完毕	
	拆下发动机水箱盖板	拆卸完毕	
	查看发动机冷却液	液面正常	
	查看发动机机油	液面正常	
	安装IT－Ⅱ诊断仪	故障码显示P0340、P0115	点火开关ON
	清除故障码	故障码显示P0340	
	读取数据流	数据流显示RPM0	
	检查凸轮轴位置传感器的安装	传感器端子连接牢固可靠	
	拆下凸轮轴位置传感器线束插头，测量线束3端子与车身搭铁之间的电压	显示电压值4.8 V，正常	插拔接头前点火开关OFF；测量电压点火开关ON
	测量线束1号端子与线束电脑端99端子的电阻，线束2号端子与线束电脑端98端子的电阻	显示电阻值∞，说明传感器线束断路故障	先拆蓄电池负极
	更换凸轮轴位置传感器线束，重检线束的1号端子与电脑端99端子的电阻，2号端子与电脑端98端子的电阻	显示电阻值0.5 Ω，新线束正常	
	安装新线束插头	新线束安装完毕	接好蓄电池负极
	安装IT－Ⅱ诊断仪	故障码显示P0340	点火开关ON
	清除故障码	显示无故障码	
	读取数据流	数据流显示RPM0	
	收回车轮挡块	车轮挡块已收	
	收回尾气抽排管	尾气抽排管已收	
	收回翼子板布、前盖布	翼子板布、前盖布已收	
	收回三件套	三件套已收	
	关车门，将钥匙放回工具车	整理工作结束	

续表

故障名称	检查内容	检查记录	提示语
凸轮轴位置传感器复合故障	安装车轮挡块	安装完毕	
	安装尾气抽排管	尾气抽排管安装完毕	
	安装驾驶室三件套	三件套安装完毕	
	铺上翼子板布、前盖布	防护垫安装完毕	
	拆下发动机隔音板	拆卸完毕	
	拆下发动机水箱盖板	拆卸完毕	
	查看发动机冷却液	液面正常	
	查看发动机机油	液面正常	
	安装IT－Ⅱ诊断仪	故障码显示P0340、P0115	点火开关ON
	清除故障码	故障码显示P0340	
	读取数据流	数据流显示RPM0	
	检查凸轮轴位置传感器的安装	传感器端子连接牢固可靠	
	拆下凸轮轴位置传感器线束插头，测量线束3端子与车身搭铁之间的电压	显示电压值4.8 V，正常	插拔接头前点火开关OFF；测量电压点火开关ON
	测量线束1号端子与线束电脑端99端子的电阻，线束2号端子与线束电脑端98端子的电阻	显示电阻值∞，说明传感器线束断路故障	先拆蓄电池负极
	更换凸轮轴位置传感器线束，重检线束1号端子与线束电脑端99端子的电阻，线束2号端子与线束电脑端98端子的电阻	显示电阻值0.5 Ω，新线束正常	
	安装新线束插头	新线束安装完毕	接好蓄电池负极
	安装IT－Ⅱ诊断仪	故障码显示P0340	点火开关ON
	清除故障码	故障码显示P0340，说明传感器损坏故障	
	读取数据流	数据流显示RPM0	
	更换凸轮轴位置传感器	新传感器安装完毕	插拔接头前点火开关OFF
	安装IT－Ⅱ诊断仪	故障码显示P0340	点火开关ON
	清除故障码	显示无故障码	
	读取数据流	数据流显示RPM0	
	收回车轮挡块	车轮挡块已收	
	收回尾气抽排管	尾气抽排管已收	
	收回翼子板布、前盖布	翼子板布、前盖布已收	
	收回三件套	三件套已收	
	关车门，将钥匙放回工具车	整理工作结束	

二、任务实施与考核

凸轮轴位置传感器检修的任务实施与考核如表 1-49 所示。

表 1-49 凸轮轴位置传感器检修的任务实施与考核

车辆信息	整车型号		
	车辆识别代码		
	发动机型号		
故障描述			
项目	任务实施记录内容		备注
一、前期准备			
二、安全检查			
三、仪器连接			
四、故障现象确认			
五、故障代码检查			
六、正确读取数据和清除故障码（当定格数据和动态数据中不存在反映故障码特征的相关数据时，应填写"无"）	1. 定格数据记录（只记录故障发生时的数据帧内容）包括： （1）基本数据； （2）定格数据中除基本数据外的反映故障码特征的相关数据。 2. 与故障码特征相关的动态数据记录。 3. 清除故障码。 4. 确认故障码是否再次出现，并填写结果		
七、确定故障范围	根据上述检查进行判断并填写可能的故障范围		
八、基本检查			
九、部件测试	对被怀疑的部件进行部件测试。 需注明元件名称/插接件代码、针脚编号和测量结果		
十、电路测量	对被怀疑的线路进行测量，需注明插件代码和编号，控制单元针脚代号以及测量结果		
十一、故障部位确认和排除	根据上述的所有检测结果，确定故障内容并注明： 1. 确定的故障。 2. 故障点的排除处理说明		
十二、维修结果确认（表中项目检查有内容时填写检查结果，如果没有时填写"无"）	1. 维修后故障代码读取，并填写读取结果。 2. 与原故障码相关的动态数据检查结果。 3. 维修后的功能确认并填写结果		
十三、现场恢复			

任务十一　氧传感器的结构原理与检修

学习目标

1. 能够正确描述氧传感器的作用、结构及工作原理。
2. 能够正确使用检测仪器，对氧传感器进行检修。
3. 能够注意培养环保、安全意识及团队协合能力。

任务引入

一辆丰田轿车，打开仪表盘点火开关至启动挡，正常状态下发动机启动后，急速不稳，故障灯亮。

汽车发动机启动后急速不稳，其他症状没有，考虑到有可能是汽车行驶了许久，但部件没及时更换，故可针对这些部件做相应排查，因故障灯亮，故应先着手查找电控系统故障。此类故障一般与氧传感器有关，所以我们先学习氧传感器的相关知识。

相关知识

一、氧传感器的作用

氧传感器用来检测排气中的氧浓度，向 ECU 输送空燃比信号。

二、氧传感器的类型及结构原理

常见的氧传感器有氧化锆（ZrO_2）式氧传感器和氧化钛（TiO_2）氧传感器两种，如图 1-119 和图 1-120 所示。

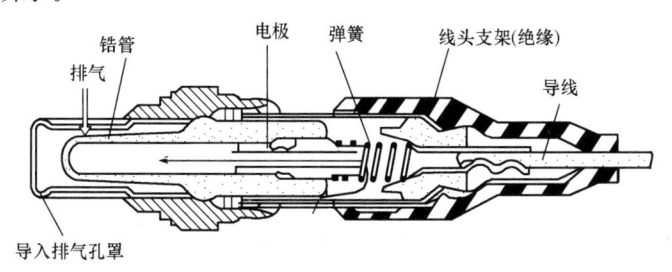

图 1-119　氧化锆式氧传感器

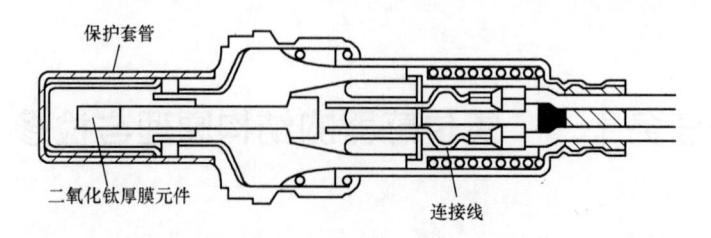

图 1-120 二氧化钛式氧传感器

为了提高废气中的一氧化碳、碳氢化合物和氮氧化合物的净化率，采用了三元催化净化器。为了最有效地利用三元催化净化器，必须精确控制空燃比，使其务必接近理论空燃比。为了帮助 ECM 实现精确的空燃比控制，就采用了加热型氧传感器。

加热型氧传感器位于三元催化净化器前部，能检测废气中的氧浓度。空燃比变稀时，废气中的氧浓度变浓。加热型氧传感器会通知 ECM，空燃比过稀（低电压，即低于 0.45 V 的电压）。相反，当空燃比比理论空燃比浓时，废气中氧浓度变稀。加热型氧传感器会通知 ECM 空燃比过浓（高电压，即高于 0.45 V 的电压）。当空燃比接近理论空燃比时，加热型氧传感器的输出电压会急剧变化。ECM 利用来自加热型氧传感器的补充信息，来判断空燃比是浓还是稀，并相应地调整燃油喷射时间。因此，如果加热型氧传感器由于内部故障工作不正常，ECM 就不能补偿主空燃比控制中出现的偏差。

加热型氧传感器是平面型的，与用来加热固体电解质（氧化锆元件）的加热器合为一体。此加热器由 ECM 控制。当进气量偏小（废气温度低）时，电流流向加热器以加热传感器，从而便于准确检测空燃比。此外，与传统类型相比，此传感器和加热器部分较窄。加热器产生的热量通过氧化锆传导至固体电解质，从而加速了传感器的激活进程。氧化锆式氧传感器的结构如图 1-121 所示。

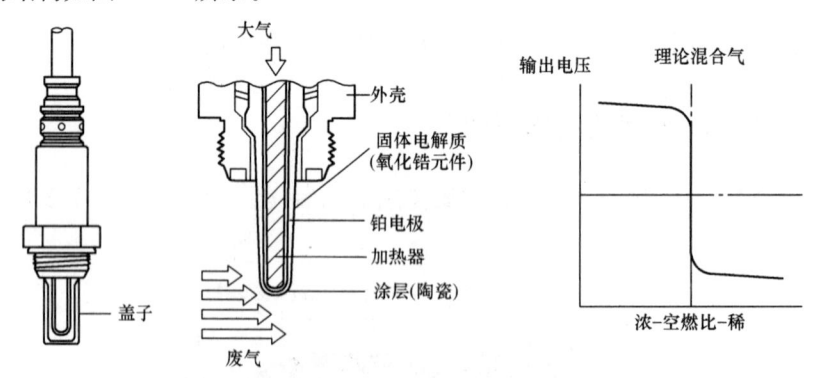

图 1-121 氧化锆式氧传感器的结构

在 400℃ 以上的高温时，若氧化锆内外表面处的气体中氧的浓度有很大差别，在铂电极之间将会产生电压。当混合气稀时，排气中氧的含量高，传感器元件内外侧氧的浓度差小，氧化锆元件内外侧两极之间产生的电压很低（接近 0 V）；反之，如排气中几乎没有氧，内外侧之间电压高（约为 1 V）。

三、氧传感器的使用与检修

1. 氧传感器的使用

当汽车行驶一定里程（一般为 80 000 km）后，应当更换氧传感器。氧传感器失效的主要原因是传感元件老化和中毒。

（1）氧传感器老化

氧传感器老化的主要原因是传感元件局部表面温度过高。在发动机利用氧传感器进行闭环控制过程中，混合气的空燃比总是控制在理论空燃比附近，排气中几乎没有过剩的燃油，但是在发动机刚刚启动（特别是冷启动）之后（或大负荷状态工作时），为了快速预热发动机（或增大发动机输出功率），需要供给足够的燃油，排气中过剩的燃油就会在氧传感器的表面产生燃烧反应，一方面是形成碳粒而造成氧传感器表面的保护层剥落，另一方面是使传感元件局部表面温度过高（超过 1 000℃）而加速传感器老化。

（2）氧传感器中毒

氧传感器的传感元件受到污染而失效的现象称为中毒。氧传感器中毒主要是指铅（Pb）中毒、硅（Si）中毒和磷（P）中毒。

1）铅中毒。燃油或润滑油添加剂中的铅离子与氧传感器的铂电极发生化学反应，导致催化剂铂的催化性能降低的现象，称为铅中毒。

试验证明：氧化锆式氧传感器在每升汽油中含有 1.8 g 铅的情况下行驶 480 km 或每升汽油中含有 0.15 g 铅的情况下行驶 1 000 km 之后，就会出现严重中毒现象。由于含铅汽油中添加有四乙基铅来提高汽油的辛烷值和抗爆震性能，因此配装氧化锆式氧传感器以及三元催化器的汽车禁止使用含铅汽油。此外，由于燃油或润滑油的添加剂中含有多种铅化合物，因此铅中毒也是不可避免的。

提高氧传感器耐铅能力的方法：一是采用加热型氧化锆式氧传感器。实验证明，温度越低，铅中毒越严重，这是因为低温条件下铅为固体颗粒，容易沉淀在传感元件表面而导致传感器失效。高温状态时，大部分铅为气态，难以穿过传感元件。二是采用阻值变化型的氧化钛式氧传感器。虽然氧化钛式氧传感器也采用金属铂作为电极，但只是为了实现电器连接，即使受到铅离子污染，其性能也不会受到影响。

2）硅中毒。硅离子与氧传感器的铂电极发生化学反应而导致催化剂铂的催化性能降低的现象，称为硅中毒。

发动机上的硅密封胶、硅树脂成型部件、铸件内的硅添加剂等都含有硅离子，这些硅离子会污染氧传感器的外侧电极，氧传感器内部端子处密封用的硅橡胶会污染内侧电极。由于氧化钛式氧传感器没有安装内侧电极，且外侧铂电极只是为了实现电器连接，因此硅中毒程度比氧化锆式传感器要轻得多。

由此可见，无论是氧化锆式氧传感器，还是氧化钛式氧传感器，其传感元件老化和中毒都是不可避免的。因此，当汽车行驶一定里程（一般为 80 000 km）后，应当更换氧传感器。更换氧传感器时，一定要用专用防粘胶液刷涂氧传感器安装螺纹，否则下次检修时很难拆卸。刷涂防粘胶液时，切勿涂到氧传感器的透气孔中。就氧传感器的抗污染能力和抗老化能力而言，氧化钛式优于加热型氧化锆式，加热型氧化锆式优于非加热型氧化锆式，因此，氧化钛式氧传感器发展前景非常广阔。

四、氧传感器电路

氧传感器电路如图 1-122 所示。

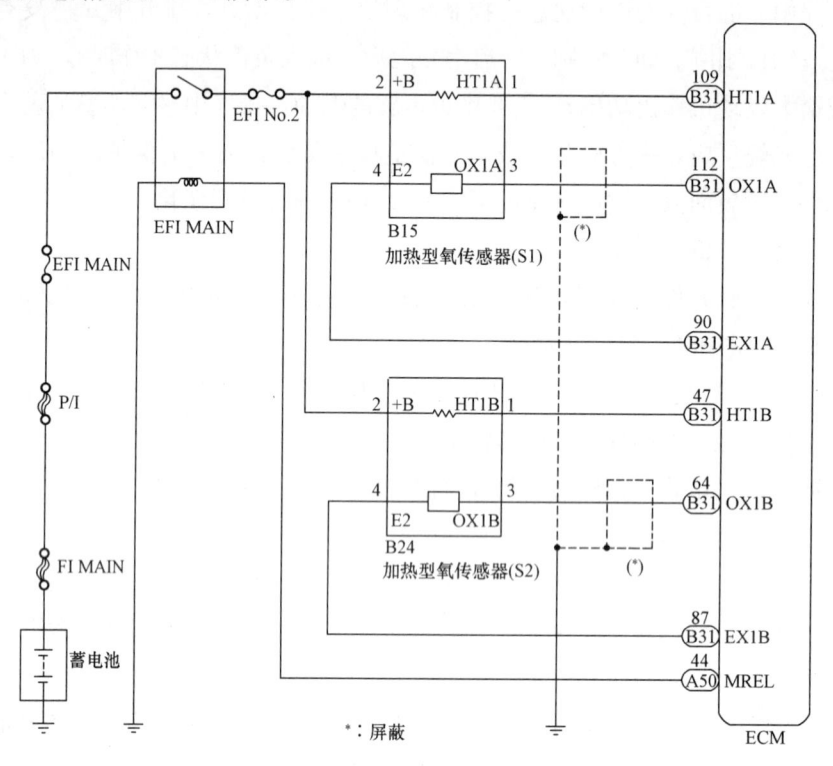

图 1-122 氧传感器电路

任务实施与考核

一、技能学习

1. 查找相关技术资料

（1）加热型氧传感器（S1）的拆卸

1）拆下 2 号汽缸盖罩。

2）拆下前刮水器臂端盖。

3）拆下左侧挡风玻璃刮水器臂和刮水片总成。

4) 拆下右侧挡风玻璃刮水器臂和刮水片总成。

5) 拆下发动机盖至前围上密封。

6) 拆下右前围板上通风栅板。

7) 拆下左前围板上通风栅板。

8) 拆下挡风玻璃刮水器电动机及连杆。

9) 拆下前围上外板。

10) 拆下排气歧管 1 号隔热罩。

11) 拆下氧传感器。

①断开氧传感器连接器，如图 1-123 所示。

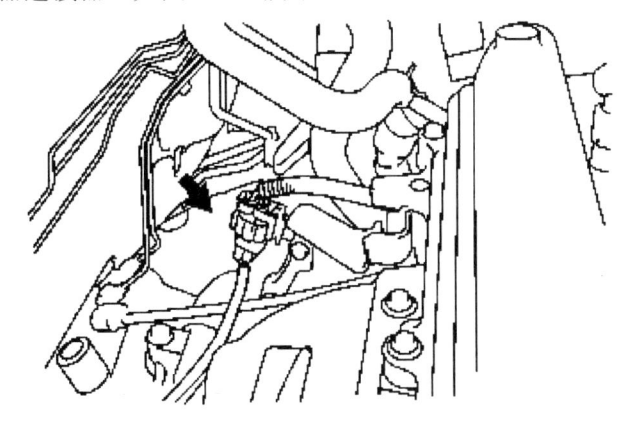

图 1-123　加热型氧传感器（S1）的拆卸 1

②使用 SST 拆下氧传感器，如图 1-124 所示。

注意：不要损坏氧传感器。

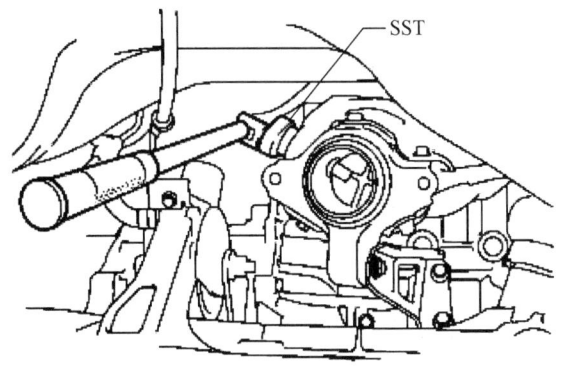

图 1-124　加热型氧传感器（S1）的拆卸 2

(2) 热型氧传感器（S1）的检查

1) 检查氧传感器电阻。根据表 1-50 提供的标准数值，参考图 1-125，用数字万用表测量电阻。如果结果不符合规定，则更换传感器。

表 1-50　标准电阻

检测仪连接	条件	规定状态
1（HT）－2（+B）	20℃（68 °F）	1.8～3.4 Ω

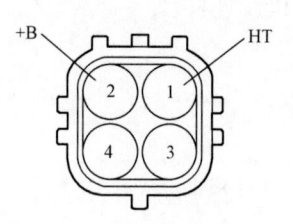

图 1-125　检查氧传感器电阻

2）检查加热型氧传感器（电源）。根据表 1-51，参考图 1-126，用数字万用表检查电压。

表 1-51　标准电压

检测仪连接	开关状态	规定状态
B15－2（+B）－车身搭铁	点火开关置于 ON 位置	9～14 V

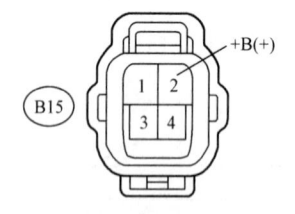

图 1-126　检查加热型氧传感器电源

3）检查线束和连接器（加热型氧传感器－ECM）。根据表 1-52 和表 1-53，参考图 1-127，用数字万用表测量电阻。

表 1-52　标准电阻（一）　　　　　　　　　　　　　　　　Ω

检测仪连接	条件	规定状态
B15－1（HT1A）－B31－109（HT1A）	始终	小于 1
B15－3（OX1A）－B31－112（OX1A）	始终	小于 1
B15－4（E2）－B31－90（EX1A）	始终	小于 1

表 1-53　标准电阻（二）　　　　　　　　　　　　　　kΩ

检测仪连接	条件	规定状态
B15-1（HT1A）或 B31-109（HT1A）-车身搭铁	始终	10 或更大
B15-3（OX1A）或 B31-112（OX1A-车身搭铁）	始终	10 或更大
B15-4（E2）或 B31-90（EX1A）-车身搭铁	始终	10 或更大

图 1-127　检查加热型氧传感器线束和连接器

4）检查保险丝（EFI No.2 保险丝）。根据表 1-54，参考图 1-128，用数字万用表测量电阻。

表 1-54　标准电阻

检测仪连接	条件	规定状态
EFI No.2 保险丝	始终	小于 1 Ω

(3) 加热型氧传感器（S1）的安装

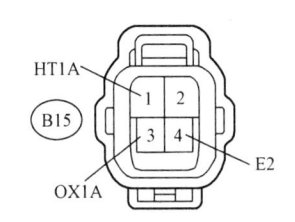

1）安装氧传感器。使用 SST 安装氧传感器，如图 1-129 所示。

扭矩：不用 SST 44 N·m；使用 SST 40 N·m。

注意：

①使用力臂长度为 300 mm 的扭矩扳手。

②不要损坏加热型氧传感器。

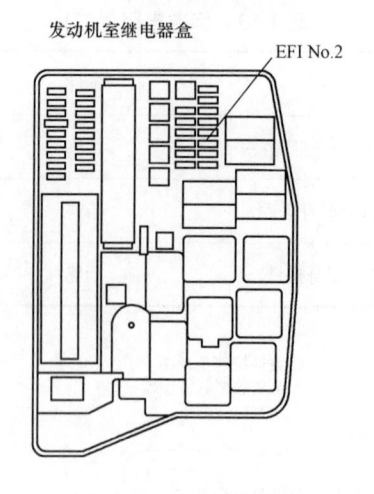

图 1-128 检查保险丝

2）连接氧传感器连接器，如图 1-130 所示。

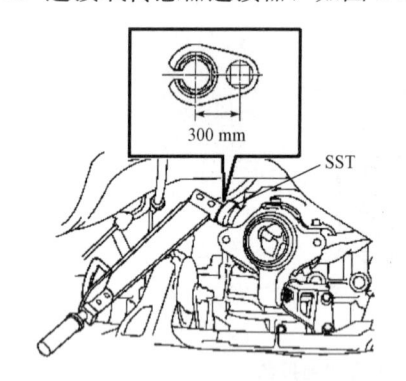

图 1-129 加热型氧传感器（S1）的安装 1

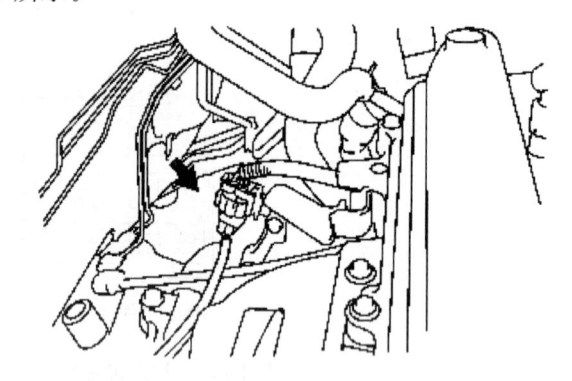

图 1-130 加热型氧传感器（S1）的安装 2

3）安装排气歧管 1 号隔热罩。
4）安装前围上外板。
5）安装挡风玻璃刮水器电动机及连杆。
6）安装左前围板上通风栅板。
7）安装右前围板上通风栅板。
8）安装发动机盖至前围上板密封。
9）安装挡风玻璃刮水器臂和右刮水片总成。
10）安装挡风玻璃刮水器臂和左刮水片总成。
11）安装前刮水器臂端盖。
12）安装 2 号汽缸盖。

（4）加热型氧传感器（S2）的拆卸

拆下 2 号加热型氧传感器。断开 2 号加热型氧传感器连接器。使用 SST 拆下 2 号加热型氧传感器，如图 1-131 所示。

注意：不要损坏 2 号加热型氧传感器。

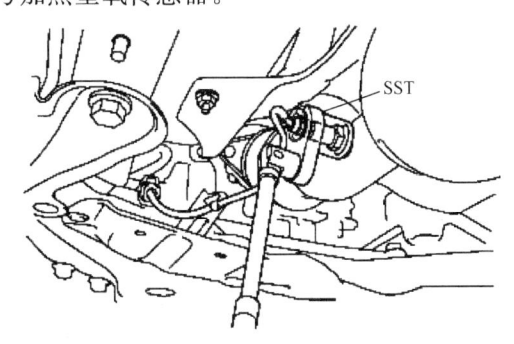

图 1-131　拆卸加热型氧传感器（S2）

（5）2 号加热型氧传感器的检查

1) 检查 2 号加热型氧传感器电阻。根据表 1-55 和表 1-56，参考图 1-132，用数字万用表测量电阻。

表 1-55　标准电阻（一）

检测仪连接	条件	规定状态
1（HT1B）－2（+B）	20℃（68 ℉）	11～16 Ω

表 1-56　标准电阻（二）

检测仪连接	条件	规定状态
1（HT1B）－2（E）	—	10 kΩ 或更大

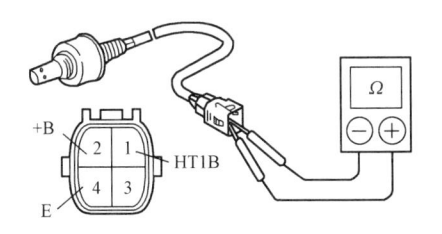

图 1-132　检查 2 号加热型氧传感器电阻

2) 检查加热型氧传感器电压。根据表 1-57，参考图 1-133，用数字万用表测量电压。

表 1-57　标准电压

检测仪连接	开关状态	规定状态
B24－2（+B）－车身搭铁	点火开关置于 ON 位置	9～14 V

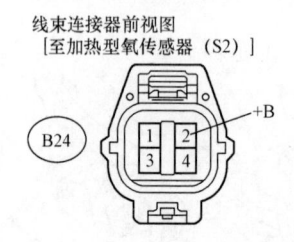

图 1-133　检查加热型氧传感器（电源）

3）检查线束和连接器（加热型氧传感器－ECM）。根据表 1-58 和表 1-59，参考图 1-134，用数字万用表测量电阻。

表 1-58　标准电阻（一）　　　　　　　　　　　　　　　　　　　　　　Ω

检测仪连接	条件	规定状态
B24－1（HT1B）－B31－47（HT1B）	始终	小于 1
B24－3（OX1B）－B31－64（OX1B）	始终	小于 1
B24－4（E2）－B31－87（EX1B）	始终	小于 1

表 1-59　标准电阻（二）　　　　　　　　　　　　　　　　　　　　　　kΩ

检测仪连接	条件	规定状态
B24－1（HT1B）或 B31－47（HT1B）－车身搭铁	始终	10 或更大
B24－3（OX1B）或 B31－64（OX1B－车身搭铁）	始终	10 或更大
B24－4（E2）或 B31－87（EX1B）－车身搭铁	始终	10 或更大

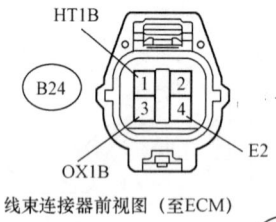

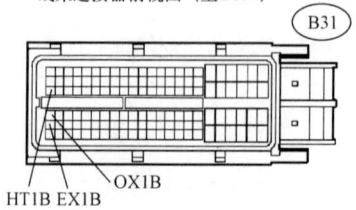

图 1-134　检查线束和连接器

4）检查保险丝（EFI No.2 保险丝）。根据表 1-60，参考图 1-135，用数字万用表测量电阻。

表 1-60　标准电阻

检测仪连接	条件	规定状态
EFI No.2 保险丝	始终	小于 1 Ω

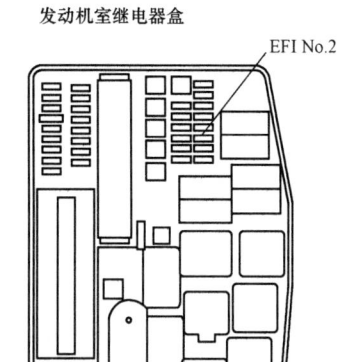

图 1-135　检查保险丝

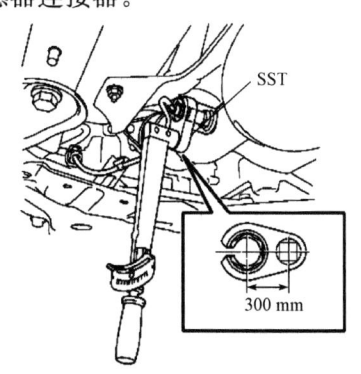

（6）安装 2 号加热型氧传感器

1）如图 1-136 所示，使用 SST 将 2 号加热型氧传感器安装至前排气管总成。

扭矩：不用 SST 44 N·m；使用 SST 40 N·m。

注意：

①使用力臂长度为 300 mm 的扭矩扳手。

②不要损坏 2 号加热型氧传感器。

2）连接 2 号加热型氧传感器连接器。

图 1-136　安装 2 号加热型氧传感器

2. 操作步骤

氧传感器的检修步骤如表1-61所示。

表1-61 氧传感器的检修步骤

故障名称	检查内容	检查记录	提示语
氧传感器故障	安装车轮挡块	安装完毕	
	安装尾气抽排管	尾气抽排管安装完毕	
	安装驾驶室三件套	三件套安装完毕	
	铺上翼子板布、前盖布	防护垫安装完毕	
	拆下发动机隔音板	拆卸完毕	
	拆下发动机水箱盖板	拆卸完毕	
	查看发动机冷却液	液面正常	
	查看发动机机油	液面正常	
	安装IT－Ⅱ诊断仪	故障码显示P2102、P0031	点火开关ON
	清除故障码	故障码显示P0031	
	读取数据流	显示数据流	
	检查氧传感器的安装	氧传感器端子连接牢固可靠	
	拆下氧传感器插头，测量传感器1－2端子电阻、1－4端子电阻	显示电阻值∞，说明传感器损坏故障	插拔接头前点火开关OFF
	更换氧传感器，重新测量1－2端子电阻、1－4端子电阻	显示电阻值1－2端子8Ω，1－4端子∞，正常	
	安装新氧传感器及插头	新传感器安装完毕	
	安装IT－Ⅱ诊断仪	故障码显示P2102、P0031	点火开关ON
	清除故障码	显示无故障码	
	读取数据流	显示数据流	
	收回车轮挡块	车轮挡块已收	
	收回尾气抽排管	尾气抽排管已收	
	收回翼子板布、前盖布	翼子板布、前盖布已收	
	收回三件套	三件套已收	
	关车门，将钥匙放回工具车	整理工作结束	

续表

故障名称	检查内容	检查记录	提示语
氧传感器线束故障	安装车轮挡块	安装完毕	
	安装尾气抽排管	尾气抽排管安装完毕	
	安装驾驶室三件套	三件套安装完毕	
	铺上翼子板布、前盖布	防护垫安装完毕	
	拆下发动机隔音板	拆卸完毕	
	拆下发动机水箱盖板	拆卸完毕	
	查看发动机冷却液	液面正常	
	查看发动机机油	液面正常	
	安装IT－Ⅱ诊断仪	故障码显示 P2102、P0031	点火开关 ON
	清除故障码	故障码显示 P0031	
	读取数据流	数据流显示	
	检查氧传感器的安装	氧传感器端子连接牢固可靠	
	拆下氧传感器插头，测量传感器1—2端子电阻、1—4端子电阻	显示电阻值1—2端子8Ω，1—4端子∞，正常	插拔接头前点火开关 OFF
	测量线束2号端子与车身之间的电压	显示电压值12 V，正常	测量电压点火开关 ON
	拆下线束电脑端插头，测量线束1号端子与线束电脑端109端子电阻	显示电阻值∞，说明线束断路故障	先拆蓄电池负极
	更换线束，重新测量新线束1号端子与线束电脑端109端子电阻	显示电阻0.5 Ω，正常	
	安装新线束插头	新线束安装完毕	接好蓄电池负极
	安装IT－Ⅱ诊断仪	故障码显示 P2102、P0031	点火开关 ON
	清除故障码	显示无故障码	
	读取数据流	显示数据流	
	收回车轮挡块	车轮挡块已收	
	收回尾气抽排管	尾气抽排管已收	
	收回翼子板布、前盖布	翼子板布、前盖布已收	
	收回三件套	三件套已收	
	关车门，将钥匙放回工具车	整理工作结束	

续表

故障名称	检查内容	检查记录	提示语
氧传感器复合故障	安装车轮挡块	安装完毕	
	安装尾气抽排管	尾气抽排管安装完毕	
	安装驾驶室三件套	三件套安装完毕	
	铺上翼子板布、前盖布	防护垫安装完毕	
	拆下发动机隔音板	拆卸完毕	
	拆下发动机水箱盖板	拆卸完毕	
	查看发动机冷却液	液面正常	
	查看发动机机油	液面正常	
	安装IT－Ⅱ诊断仪	故障码显示 P2102、P0031	点火开关 ON
	清除故障码	故障码显示 P0031	
	读取数据流	显示数据流	
	检查氧传感器的安装	氧传感器端子连接牢固可靠	
	拆下氧传感器插头，测量传感器1－2端子电阻、1－4端子电阻	显示电阻值∞，说明传感器损坏故障	插拔接头前点火开关 OFF
	更换氧传感器，重新测量1－2端子电阻、1－4端子电阻	显示电阻值1－2端子8Ω，1－4端子∞，正常	
	安装新氧传感器及插头	新传感器安装完毕	
	安装IT－Ⅱ诊断仪	故障码显示 P2102、P0031	点火开关 ON
	清除故障码	故障码显示 P0031	
	读取数据流	显示数据流	
	测量线束2号端子与车身之间电压	显示电压值12 V，正常	测量电压点火开关 ON
	拆下线束电脑端插头，测量线束1号端子与线束电脑端109端子电阻	显示电阻值∞，说明线束断路故障	先拆蓄电池负极
	更换线束，重检新线束1号端子与线束电脑端109端子电阻	显示电阻0.5Ω，正常	
	安装新线束插头	新线束安装完毕	接好蓄电池负极
	安装IT－Ⅱ诊断仪	故障码显示 P2102、P0031	点火开关 ON
	清除故障码	显示无故障码	
	读取数据流	显示数据流	
	收回车轮挡块	车轮挡块已收	
	收回尾气抽排管	尾气抽排管已收	
	收回翼子板布、前盖布	翼子板布、前盖布已收	
	收回三件套	三件套已收	
	关车门，将钥匙放回工具车	整理工作结束	

二、任务实施与考核

氧传感器检修的任务实施与考核如表 1-62 所示。

表 1-62　氧传感器检修的任务实施与考核

车辆信息	整车型号		
	车辆识别代码		
	发动机型号		
故障描述			
项目		任务实施记录内容	备注
一、前期准备			
二、安全检查			
三、仪器连接			
四、故障现象确认			
五、故障代码检查			
六、正确读取数据和清除故障码（当定格数据和动态数据中不存在反映故障码特征的相关数据时，应填写"无"）		1. 定格数据记录（只记录故障发生时的数据帧内容）包括： （1）基本数据； （2）定格数据中除基本数据外的反映故障特征的相关数据。 2. 与故障码特征相关的动态数据记录。 3. 清除故障码。 4. 确认故障码是否再次出现，并填写结果	
七、确定故障范围		根据上述检查进行判断并填写可能的故障范围	
八、基本检查			
九、部件测试		对被怀疑的部件进行部件测试。 需注明元件名称/插接件代码、针脚编号和测量结果	
十、电路测量		对被怀疑的线路进行测量，需注明插件代码和编号，控制单元针脚代号以及测量结果	
十一、故障部位确认和排除		根据上述的所有检测结果，确定故障内容并注明： 1. 确定的故障。 2. 故障点的排除处理说明	
十二、维修结果确认（表中项目检查有内容时填写检查结果，如果没有时填写"无"）		1. 维修后故障代码读取，并填写读取结果。 2. 与原故障码相关的动态数据检查结果。 3. 维修后的功能确认并填写结果	
十三、现场恢复			

任务十二　机油正时控制阀的结构原理与检修

学习目标

1. 正确描述机油正时控制阀的作用、结构及工作原理。
2. 正确使用检测仪器，对机油正时控制阀进行检修。
3. 注意培养环保、安全意识及团队协合能力。

任务引入

一辆丰田轿车，打开仪表盘点火开关至启动挡，在冷车状态下发动机运转时转速明显提升，路试时，感觉加速无力，但是速度方面一切正常。油耗明显增加，故障灯亮。

此故障现象说明当汽车发动机的工况需要动力支持时，汽车故障现象反而表现明显，由于正常行驶状况表现基本良好，油耗明显增加，因故障灯亮，故先着手查找电控系统故障。此类故障一般与机油正时控制阀有关，所以我们先学习机油正时控制阀的相关知识。

相关知识

一、可变气门正时控制系统的作用

发动机可变气门正时技术（Variable Valve Timing，VVT）根据发动机的运行情况，调整进气（排气）的量、气门开合时间和角度。使进入的空气量达到最佳，提高燃烧效率。优点是省油，功升比大；缺点是中段转速扭矩不足。

VVT-i是一种控制进气凸轮轴气门正时的装置，它通过调整凸轮轴转角配气正时进行优化，从而提高发动机在所有转速范围内的动力性、燃油经济性，降低尾气的排放。

二、可变气门正时控制系统的类型及结构原理

VVT-i系统由传感器、ECU和凸轮轴液压控制阀、控制器等部分组成。ECU储存了最佳气门正时参数值，曲轴位置传感器、进气歧管空气压力传感器、节气门位置传感器、水温传感器和凸轮轴位置传感器等反馈信息汇集到ECU，并与预定参数值进行对比计算，计算出修正参数并发出指令到控制凸轮轴正时液压控制阀，控制阀根据ECU指令控制机油槽阀的位置，也就是改变液压流量，把提前、滞后、保持不变等信号指令选择输送至VVT-i控制器的不同油道上。

根据 VVT-i 系统视控制器安装部位的不同可分为两种,一种是安装在排气凸轮轴上的,称为叶片式 VVT-i,丰田 PREVIA(大霸王)安装此种控制器;另一种是安装在进气凸轮轴上的,称为螺旋槽式 VVT-i,丰田凌志 400、丰田凌志 430 等高级轿车安装此种控制器。两者构造有些不一样,但作用是相同的。

叶片式 VVT-i 控制器由驱动进气凸轮轴的管壳和与排气凸轮轴相耦合的叶轮组成,来自提前或滞后侧油道的油压传递到排气凸轮轴上,导致 VVT-i 控制器管壳旋转,以带动进气凸轮轴转动。当油压施加在提前侧油腔转动壳体时,沿提前方向转动进气凸轮轴;当油压施加在滞后侧油腔转动壳体时,沿滞后方向转动进气凸轮轴;当发动机停止时,凸轮轴液压控制阀则处于最大的滞后状态。

螺旋槽式 VVT-i 控制器包括正时皮带驱动的齿轮、与进气凸轮轴刚性连接的内齿轮,以及一个位于内齿轮与外齿轮之间的可移动活塞,活塞表面有螺旋形花键,活塞沿轴向移动,会改变内、外齿轮的相位,从而产生气门配气相位的连续改变。当机油压力施加在活塞的左侧,迫使活塞右移,由于活塞上螺旋形花键的作用,进气凸轮轴会相对于凸轮轴正时皮带轮提前某个角度。当机油压力施加在活塞的右侧,迫使活塞左移,就会使进气凸轮轴延迟某个角度。当得到理想的配气正时,凸轮轴正时液压控制阀就会关闭油道,使活塞两侧压力平衡,活塞停止移动,如图 1-137 和图 1-138 所示。

图 1-137 凸轮轴机油正时控制阀

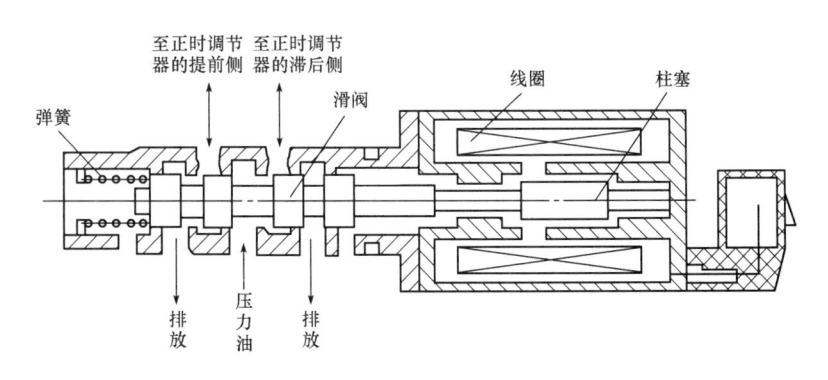

图 1-138 凸轮轴机油正时控制阀的结构

现在,先进的发动机都有发动机控制模块(ECM)、统管点火、燃油喷射、排放控制、故障检测等。丰田 VVT-i 发动机的 ECM 在各种行驶工况下自动搜寻一个对应发动机转速、进气量、节气门位置和冷却水温度的最佳气门正时，并控制凸轮轴正时液压控制阀，并通过各个传感器的信号来感知实际气门正时，然后再执行反馈控制，补偿系统误差，达到最佳气门正时的位置，从而能有效地提高汽车的功率与性能，尽量减少耗油量和废气排放。

三、凸轮轴机油正时控制阀电路

凸轮轴机油正时控制阀电路原理如图 1-139 和图 1-140 所示。

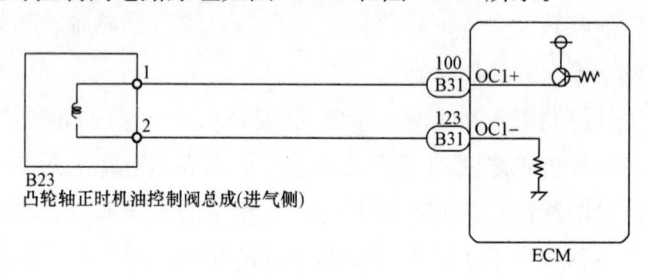

图 1-139　凸轮轴机油正时控制阀电路（进气侧）

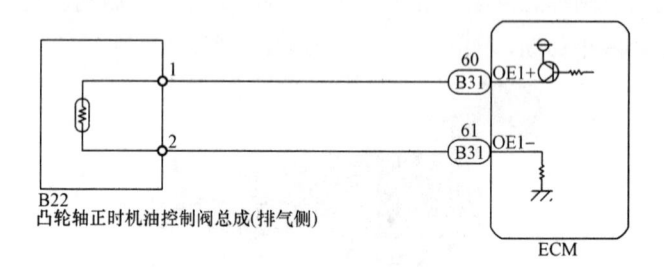

图 1-140　凸轮轴机油正时控制阀电路（排气侧）

任务实施与考核

一、技能学习

1. 查找相关技术资料

（1）凸轮轴机油正时控制阀的拆卸

1) 拆下 2 号汽缸盖罩。

2) 拆下凸轮轴正时机油控制阀总成。

①进气侧：

a. 断开凸轮轴正时机油控制阀总成连接器。

b. 如图 1-141 所示，拆下螺栓和凸轮轴正时机油控制阀总成。

进气侧

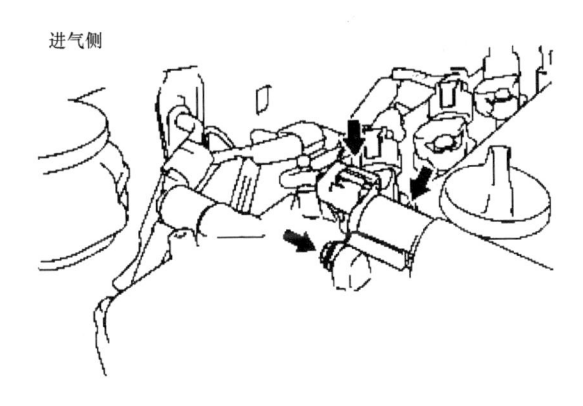

图 1-141 拆卸凸轮轴机油正时控制阀（进气侧）

②排气侧：

a. 断开凸轮轴正时机油控制阀总成连接器。

b. 如图 1-142 所示，拆下螺栓、线束支架和凸轮轴正时机油控制阀总成。

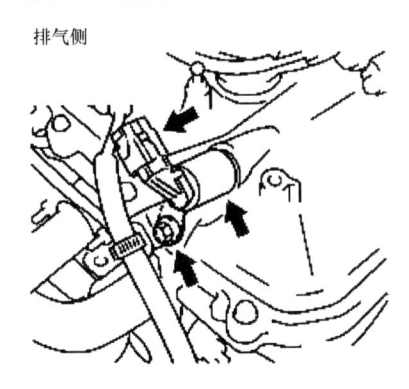

排气侧

图 1-142 拆卸凸轮轴机油正时控制阀（排气侧）

（2）凸轮轴机油正时控制阀的检查

1）检查凸轮轴正时机油控制阀总成。根据表 1-63，参考图 1-143，用数字万用表测量电阻。如有必要，更换凸轮轴正时机油控制阀总成。

表 1-63 标准电阻

检测仪连接	条件	规定状态
1—2	20℃（68 °F）	6.9～7.9 Ω

2）检查凸轮轴正时机油控制阀总成移动。如图 1-144 所示，将蓄电池正极（＋）引线连接至端子 1，负极（－）引线连接至端子 2，并检测阀的运动情况。

注意：确认阀能自由移动且在所有位置不卡滞。如有必要，更换凸轮轴正时机油控制阀总成。

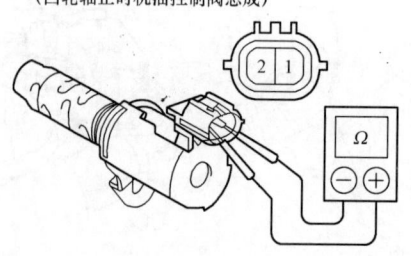

图 1-143 检查凸轮轴正时机油控制阀电阻

提示：异物累积会导致轻微的压力泄漏。轻微的压力泄漏可能造成凸轮轴提前，这将会设置一个DTC。

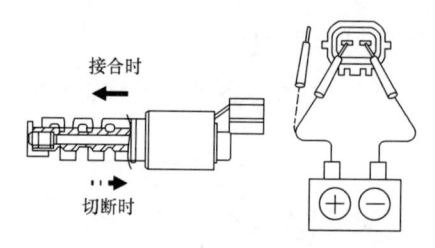

图 1-144 检查凸轮轴正时机油控制阀总成移动

3) 检查进气侧线束和连接器。根据表1-64和表1-65，参考图1-145，用数字万用表测量电阻。

表 1-64　标准电阻（一）　　　　　　　　　　　　Ω

检测仪连接	条件	规定状态
B23-1—B31-100（OC1+）	始终	小于1
B23-2—B31-123（OC1-）	始终	小于1

表 1-65　标准电阻（二）　　　　　　　　　　　　kΩ

检测仪连接	条件	规定状态
B23-1或B31-100（OC1+）—车身搭铁	始终	10或更大
B23-2或B31-123（OC1-）—车身搭铁	始终	10或更大

4) 检查排气侧线束和连接器。根据表1-66和表1-67，参考图1-146，用数字万用表测量电阻。

线束连接器前视图
(至凸轮轴正时机油控制阀)

B23

线束连接器前视图（至ECM）

B31

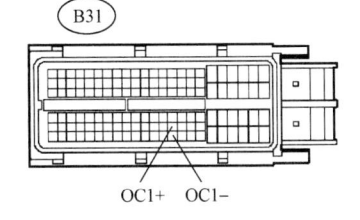

OC1+ OC1-

图 1-145　检查进气侧线束和连接器

表 1-66　标准电阻（一）　　　　　　　　　　　　　　　　　　　Ω

检测仪连接	条件	规定状态
B22－1－B31－60（OC1＋）	始终	小于1
B22－2－B31－61（OC1－）	始终	小于1

表 1-67　标准电阻（二）　　　　　　　　　　　　　　　　　　　kΩ

检测仪连接	条件	规定状态
B22－1 或 B31－60（OC1＋）－车身搭铁	始终	10 或更大
B22－2 或 B31－61（OC1－）－车身搭铁	始终	10 或更大

线束连接器前视图
(至凸轮正时机油控制阀)

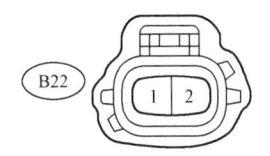

B22

线束连接器前视图（至ECM）

B31

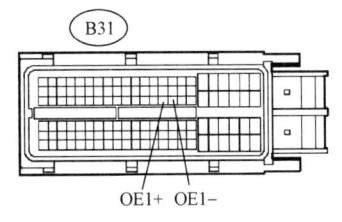

OE1+ OE1-

图 1-146　检查排气侧线束和连接器

（3）凸轮轴机油正时控制阀的安装

1）安装凸轮轴正时机油阀总成。

①进气侧:

a. 在凸轮轴正时机油阀总成O形圈上涂抹一层薄的发动机机油。

b. 用螺栓安装凸轮轴正时机油控制阀总成,扭矩为 10 N·m。

②排气侧:

a. 在凸轮轴正时机油控制阀总成O形圈上涂抹一层薄的发动机机油。

b. 用螺栓安装凸轮轴正时机油控制阀总成和线束支架,扭矩为 10 N·m。

2) 安装2号汽缸罩。

2. 操作步骤

凸轮轴机油正时控制阀的检修步骤如表1-68所示。

表1-68 凸轮轴机油正时控制阀的检修步骤

故障名称	检查内容	检查记录	提示语
凸轮轴机油正时控制阀故障	安装车轮挡块	安装完毕	
	安装尾气抽排管	尾气抽排管安装完毕	
	安装驾驶室三件套	三件套安装完毕	
	铺上翼子板布、前盖布	防护垫安装完毕	
	拆下发动机隔音板	拆卸完毕	
	拆下发动机水箱盖板	拆卸完毕	
	查看发动机冷却液	液面正常	
	查看发动机机油	液面正常	
	安装IT-Ⅱ诊断仪	故障码显示 P0013	点火开关 ON
	清除故障码	故障码显示 P0013	
	读取数据流	数据流显示	
	检查凸轮轴机油正时控制阀的安装	凸轮轴机油正时控制阀端子连接牢固可靠	
	拆下凸轮轴机油正时控制阀插头,测量端子1-2电阻	显示电阻值∞,异常,执行器故障	插拔接头前点火开关 OFF,然后点火开关 ON
	安装新凸轮轴机油正时控制阀	凸轮轴机油正时控制阀安装完毕	
	安装IT-Ⅱ诊断仪	故障码显示 P0013	点火开关 ON
	清除故障码	显示无故障码	
	读取数据流	数据流显示	
	收回车轮挡块	车轮挡块已收	
	收回尾气抽排管	尾气抽排管已收	
	收回翼子板布、前盖布	翼子板布、前盖布已收	
	收回三件套	三件套已收	
	关车门,将钥匙放回工具车	整理工作结束	

续表

故障名称	检查内容	检查记录	提示语
凸轮轴机油正时控制阀线束故障	安装车轮挡块	安装完毕	
	安装尾气抽排管	尾气抽排管安装完毕	
	安装驾驶室三件套	三件套安装完毕	
	铺上翼子板布、前盖布	防护垫安装完毕	
	拆下发动机隔音板	拆卸完毕	
	拆下发动机水箱盖板	拆卸完毕	
	查看发动机冷却液	液面正常	
	查看发动机机油	液面正常	
	安装IT-Ⅱ诊断仪	故障码显示 P0013	点火开关 ON
	清除故障码	故障码显示 P0013	
	读取数据流	数据流显示	
	检查凸轮轴机油正时控制阀的安装	凸轮轴机油正时控制阀端子连接牢固可靠	
	拆下凸轮轴机油正时控制阀插头，测量端子1-2电阻	显示电阻值 7.2Ω，正常	插拔接头前点火开关 OFF 然后点火开关 ON
	拆下线束电脑端插头，测量线束1号端子与线束电脑端60端子电阻，线束2号端子与线束电脑端31端子电阻	显示电阻值∞，说明线束断路故障	先拆蓄电池负极
	更换线束，重新测量新线束1号端子与线束电脑端60端子电阻，线束2号端子与线束电脑端31端子电阻	显示 0.5Ω，正常	
	安装新线束插头	新线束安装完毕	接好蓄电池负极
	安装IT-Ⅱ诊断仪	故障码显示 P0013	点火开关 ON
	清除故障码	显示无故障码	
	读取数据流	数据流显示	
	收回车轮挡块	车轮挡块已收	
	收回尾气抽排管	尾气抽排管已收	
	收回翼子板布、前盖布	翼子板布、前盖布已收	
	收回三件套	三件套已收	
	关车门，将钥匙放回工具车	整理工作结束	

续表

故障名称	检查内容	检查记录	提示语
凸轮轴机油正时控制阀复合故障	安装车轮挡块	安装完毕	
	安装尾气抽排管	尾气抽排管安装完毕	
	安装驾驶室三件套	三件套安装完毕	
	铺上翼子板布、前盖布	防护垫安装完毕	
	拆下发动机隔音板	拆卸完毕	
	拆下发动机水箱盖板	拆卸完毕	
	查看发动机冷却液	液面正常	
	查看发动机机油	液面正常	
	安装IT-Ⅱ诊断仪	故障码显示P0013	点火开关ON
	清除故障码	故障码显示P0013	
	读取数据流	数据流显示	
	检查凸轮轴机油正时控制阀的安装	凸轮轴机油正时控制阀端子连接牢固可靠	
	拆下凸轮轴机油正时控制阀插头,测量端子1—2电阻	显示电阻值∞,异常,执行器故障	插拔接头前点火开关OFF,然后点火开关ON
	安装新凸轮轴机油正时控制阀	凸轮轴机油正时控制阀安装完毕	
	拆下线束电脑端插头,测量线束1号端子与线束电脑端60端子电阻,线束2号端子与线束电脑端31端子电阻	显示电阻值∞,说明线束断路故障	先拆蓄电池负极
	更换线束,重检新线束1号端子与线束电脑端60端子电阻,线束2号端子与线束电脑端31端子电阻	显示0.5Ω,正常	
	安装新线束插头	新线束安装完毕	接好蓄电池负极
	安装IT-Ⅱ诊断仪	故障码显示P2102	点火开关ON
	清除故障码	显示无故障码	
	读取数据流	数据流显示	
	收回车轮挡块	车轮挡块已收	
	收回尾气抽排管	尾气抽排管已收	
	收回翼子板布、前盖布	翼子板布、前盖布已收	
	收回三件套	三件套已收	
	关车门,将钥匙放回工具车	整理工作结束	

二、任务实施与考核

凸轮轴机油正时控制阀检修的任务实施与考核如表 1-69 所示。

表 1-69　凸轮轴机油正时控制阀检修的任务实施与考核

车辆信息	整车型号		
	车辆识别代码		
	发动机型号		
故障描述			
项目		任务实施记录内容	备注
一、前期准备			
二、安全检查			
三、仪器连接			
四、故障现象确认			
五、故障代码检查			
六、正确读取数据和清除故障码（当定格数据和动态数据中不存在反映故障码特征的相关数据时，应填写"无"）		1. 定格数据记录（只记录故障发生时的数据帧内容）包括： （1）基本数据； （2）定格数据中除基本数据外的反映故障码特征的相关数据。 2. 与故障码特征相关的动态数据记录。 3. 清除故障码。 4. 确认故障码是否再次出现，并填写结果	
七、确定故障范围		根据上述检查进行判断并填写可能的故障范围	
八、基本检查			
九、部件测试		对被怀疑的部件进行部件测试。 需注明元件名称/插接件代码、针脚编号和测量结果	
十、电路测量		对被怀疑的线路进行测量，需注明插件代码和编号，控制单元针脚代号以及测量结果	
十一、故障部位确认和排除		根据上述的所有检测结果，确定故障内容并注明： 1. 确定的故障。 2. 故障点的排除处理说明	
十二、维修结果确认（表中项目检查有内容时填写检查结果，如果没有时填写"无"）		1. 维修后故障代码读取，并填写读取结果。 2. 与原故障码相关的动态数据检查结果。 3. 维修后的功能确认并填写结果	
十三、现场恢复			

任务十三　清污电磁阀的结构原理与检修

学习目标

1. 正确描述清污电磁阀的作用、结构及工作原理。
2. 正确使用检测仪器，对清污电磁阀进行检修。
3. 注意培养环保、安全意识及团队协合能力。

任务引入

一辆丰田轿车，打开仪表盘点火开关至启动挡，冷车状态下启动后发动机运转正常，正常行驶中有熄火现象，车无顿挫感，指定速度范围内，工作一切正常，故障灯亮。

汽车发动机在正常正常行驶中有熄火现象属于偶发性故障，其必然与某一个元件在参与工作时的介入点有关，故应先考虑汽车的辅助控制系统，尤其是在某一工况下才能参与工作的部件。因故障灯亮，故先着手查找电控系统故障。此类故障一般与清污电磁阀有关，所以我们先学习清污电磁阀的相关知识。

相关知识

一、燃油蒸发排放控制系统的作用

燃油蒸发排放控制，又称汽油蒸气排放控制系统，是汽车发动机辅助控制系统之一，也是汽车发动机排放控制系统之一。功用收集汽油箱的汽油蒸气，并将汽油蒸气导入汽缸参加燃烧，从而防止汽油蒸气直接排出大气而防止造成污染。同时，根据发动机工况，控制导入汽缸参加燃烧的汽油蒸气量。

二、燃油蒸发排放控制系统的类型及结构原理

燃料蒸发排放控制系统主要由活性炭罐储存装置、燃油蒸发净化控制装置和燃油箱燃油蒸发控制装置组成。油箱的燃油蒸气通过单向阀进入活性炭罐上部，空气从炭罐下部进入清洗活性炭，在炭罐右上方有一定量排放小孔及受真空控制的排放控制阀，排放控制阀砂锅内部的真空度由炭罐控制电磁阀控制，电磁阀受控制。

汽油是一种易挥发的液体，在常温下燃油箱经常充满蒸气，燃料蒸发控制系统的作用是将蒸气引入燃烧并防止挥发到大气中。这个过程起重要作用的是活性炭罐储存装置，因

为活性炭有吸附功能,当汽车运行或熄火时,燃油箱的汽油蒸气通过管路进入活性炭罐的上部,新鲜空气则从活性炭罐下部进入活性炭罐。发动机熄火后,汽油蒸气与新鲜空气在罐内混合并贮存在活性炭罐中,当发动机启动后,装在活性炭罐与进气歧管之间的燃油蒸发净化装置的电磁阀门打开,活性炭罐内的汽油蒸气被吸入进气歧管参加燃烧。其组成如图 1-147 所示。

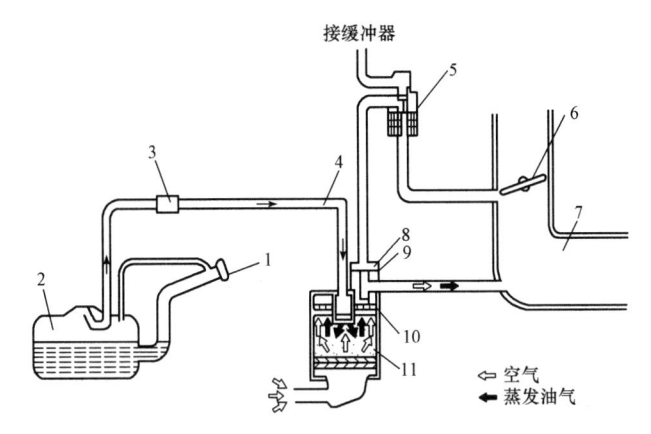

图 1-147 燃料蒸发排放控制系统的组成 1

1—油箱盖;2—油箱;3—单向阀;4—排气管;5—电磁阀;6—节气门;
7—进气管;8—真空室;9—真空控制阀;10—定量排放孔;11—活性炭罐

有些活性炭罐上不设真空控制阀,而是将受 ECU 控制的电磁阀直接装在活性炭罐与进气管之间的吸气管中,如图 1-148 所示。

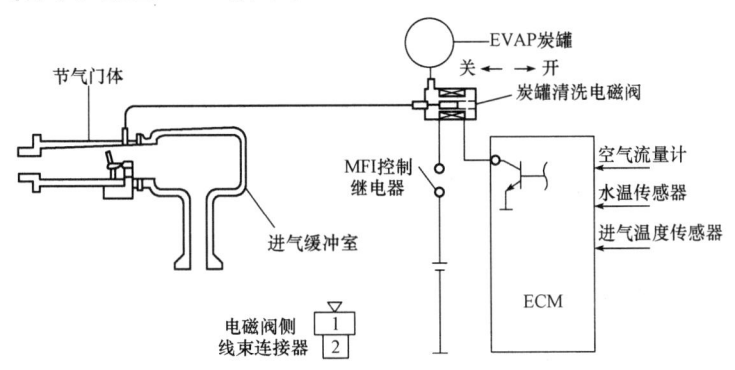

图 1-148 燃料蒸发排放控制系统的组成 2

为了减少碳氢化合物排放,从燃油箱蒸发经过炭罐进入进气歧管,然后在汽缸内燃烧。发动机暖机后,ECM 改变向清污 VSV 发送的占空比信号,以使碳氢化合物排放的进气量与行驶状态(发动机负载、发动机转速、车速等)相适应。

三、燃油蒸发排放控制系统电路

燃油蒸发排放控制系统电路如图 1-149 所示。

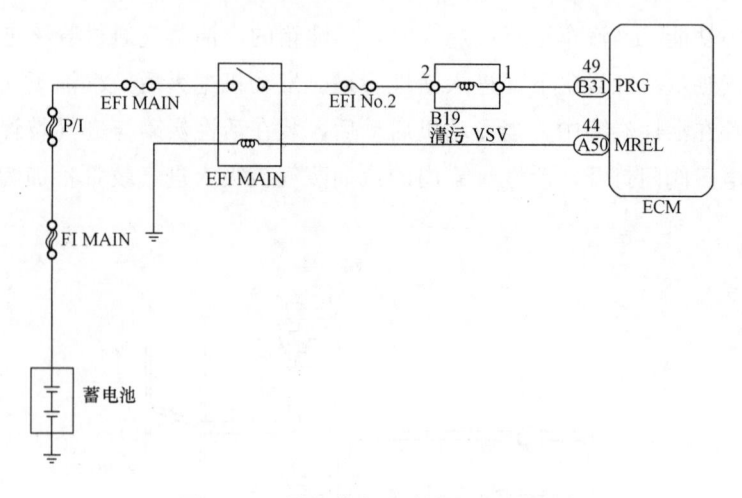

图 1-149　燃油蒸发排放控制系统电路

任务实施与考核

一、技能学习

1. 查找相关技术资料

（1）清污电磁阀的拆卸

1）打开发动机舱盖。

2）断开蓄电池负极电缆。

3）断开蒸发排放炭罐，吹洗电磁阀线束插头。

4）拆下蒸发排放软管。

5）将蒸发排放炭罐吹洗电磁阀连接器从进气歧管上拆下。

6）如图 1-150 所示，用 EN－6015 塞子封闭通风口，从蒸发排放炭罐吹洗电磁阀托架上拆下蒸发排放炭罐吹洗电磁阀。

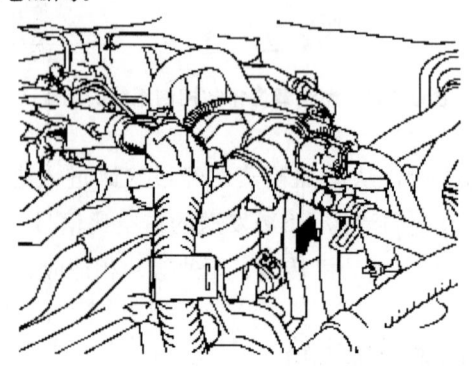

图 1-150　拆卸清污电磁阀

(2) 清污电磁阀的检测

1) 使用智能检测仪执行主动测试（激活清污 VSV 控制）。根据表 1-70，用智能检测仪执行主动测试。

表 1-70 主动测试显示系统工作状态

检测仪操作	规定状态
VSV 打开	断开的软管对手指有吸力
VSV 关闭	断开的软管对手指无吸力

2) 检查清污 VSV。根据表 1-71，参考图 1-151，用数字万用表测量电阻。

表 1-71 标准电阻

检测仪连接	条件	规定状态
B19－1－B19－2	20℃（68 °F）	23～26 Ω

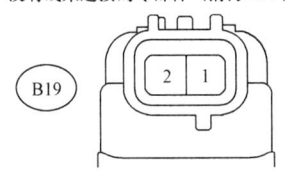

图 1-151 清污电磁阀部件端

3) 检查清污 VSV（电源电压）。根据表 1-72，参考图 1-152，用数字万用表测量电压。

表 1-72 标准电压

检测仪连接	条件	规定状态
B19－2－车身搭铁	点火开关置于 ON 位置	9～14 V

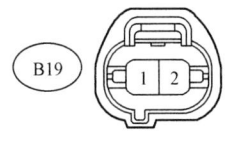

图 1-152 检查清污 VSV 电源电压

4) 检查线束和连接器（清污 VSV－ECM）。根据表 1-73 和表 1-74，参考图 1-153，用数字万用表测量电阻。

表 1-73 标准电阻（一）

检测仪连接	条件	规定状态
B19-2—B31-49（PRG）	始终	小于 1 Ω

表 1-74 标准电阻（二）

检测仪连接	条件	规定状态
B19-2 或 B31-49（PRG）—车身搭铁	始终	10 kΩ 或更大

线束连接器前视图（至清污VSV）

线束连接器前视图（至ECM）

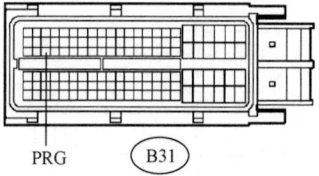

图 1-153 检查线束和连接器

5）检查保险丝（EFI No.2 保险丝）。根据表 1-75，参考图 1-154，用数字万用表测量电阻。

表 1-75 标准电阻

检测仪连接	条件	规定状态
EFI No.2 保险丝	始终	小于 1 Ω

发动机继电器盒

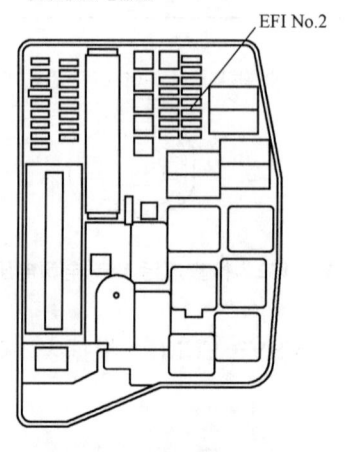

图 1-154 检查保险丝

(3) 清污电磁阀的安装

1) 将蒸发排放炭罐吹洗电磁阀安装至蒸发排放炭罐吹洗电磁阀托架。

2) 拆下 EN-6015 塞子。

3) 将蒸发排放炭罐吹洗电磁阀连接器安装至进气歧管。

4) 安装蒸发排放软管。

5) 连接蒸发排放炭罐吹洗电磁阀线束插头。

6) 连接蓄电池负极电缆。

7) 关闭发动机舱盖。

2. 操作步骤

排放净化控制阀的检修步骤如表 1-76 所示。

表 1-76 排放净化控制阀的检修步骤

故障名称	检查内容	检查记录	提示语
排放净化控制阀故障	安装车轮挡块	安装完毕	
	安装尾气抽排管	尾气抽排管安装完毕	
	安装驾驶室三件套	三件套安装完毕	
	铺上翼子板布、前盖布	防护垫安装完毕	
	拆下发动机隔音板	拆卸完毕	
	拆下发动机水箱盖板	拆卸完毕	
	查看发动机冷却液	液面正常	
	查看发动机机油	液面正常	
	安装 IT-Ⅱ诊断仪	故障码显示 P0443	点火开关 ON
	清除故障码	故障码显示 P0443	
	读取数据流	数据流显示	
	检查排放净化控制阀的安装	排放净化控制阀端子连接牢固可靠	
	拆下排放净化控制阀插头，测量端子 1-2 电阻	显示电阻值∞，异常，执行器故障	插拔接头前点火开关 OFF，然后点火开关 ON
	安装新排放净化控制阀	排放净化控制阀安装完毕	
	安装 IT-Ⅱ诊断仪	故障码显示 P0443	点火开关 ON
	清除故障码	显示无故障码	
	读取数据流	数据流显示	
	收回车轮挡块	车轮挡块已收	
	收回尾气抽排管	尾气抽排管已收	
	收回翼子板布、前盖布	翼子板布、前盖布已收	
	收回三件套	三件套已收	
	关车门，将钥匙放回工具车	整理工作结束	

续表

故障名称	检查内容	检查记录	提示语
排放净化控制阀线束故障	安装车轮挡块	安装完毕	
	安装尾气抽排管	尾气抽排管安装完毕	
	安装驾驶室三件套	三件套安装完毕	
	铺上翼子板布、前盖布	防护垫安装完毕	
	拆下发动机隔音板	拆卸完毕	
	拆下发动机水箱盖板	拆卸完毕	
	查看发动机冷却液	液面正常	
	查看发动机机油	液面正常	
	安装IT-Ⅱ诊断仪	故障码显示P0443	点火开关ON
	清除故障码	故障码显示P0443	
	读取数据流	数据流显示	
	检查排放净化控制阀的安装	排放净化控制阀端子连接牢固可靠	
	拆下排放净化控制阀插头,测量端子1-2电阻	显示电阻值25Ω,正常	插拔接头前点火开关OFF然后点火开关ON
	拆下线束电脑端插头,测量线束1号端子与线束电脑端49端子电阻	显示电阻值∞,说明线束断路故障	先拆蓄电池负极
	更换线束,重检新线束1号端子与线束电脑端49端子电阻	显示0.5Ω,正常	
	安装新线束插头	新线束安装完毕	接好蓄电池负极
	安装IT-Ⅱ诊断仪	故障码显示P0443	点火开关ON
	清除故障码	显示无故障码	
	读取数据流	数据流显示	
	收回车轮挡块	车轮挡块已收	
	收回尾气抽排管	尾气抽排管已收	
	收回翼子板布、前盖布	翼子板布、前盖布已收	
	收回三件套	三件套已收	
	关车门,将钥匙放回工具车	整理工作结束	

续表

故障名称	检查内容	检查记录	提示语
排放净化控制阀复合故障	安装车轮挡块	安装完毕	
	安装尾气抽排管	尾气抽排管安装完毕	
	安装驾驶室三件套	三件套安装完毕	
	铺上翼子板布、前盖布	防护垫安装完毕	
	拆下发动机隔音板	拆卸完毕	
	拆下发动机水箱盖板	拆卸完毕	
	查看发动机冷却液	液面正常	
	查看发动机机油	液面正常	
	安装IT－Ⅱ诊断仪	故障码显示 P0443	点火开关 ON
	清除故障码	故障码显示 P0443	
	读取数据流	数据流显示	
	检查排放净化控制阀的安装	排放净化控制阀端子连接牢固可靠	
	拆下排放净化控制阀插头，测量端子1－2电阻	显示电阻值∞，异常，执行器故障	插拔接头前点火开关 OFF，然后点火开关 ON
	安装新排放净化控制阀	排放净化控制阀安装完毕	
	拆下线束电脑端插头，测量线束1号端子与线束电脑端49端子电阻	显示电阻值∞，说明线束断路故障	先拆蓄电池负极
	更换线束，重新测量新线束1号端子与线束电脑端49端子电阻	显示 0.5 Ω，正常	
	安装新线束插头	新线束安装完毕	接好蓄电池负极
	安装IT－Ⅱ诊断仪	故障码显示 P0443	点火开关 ON
	清除故障码	显示无故障码	
	读取数据流	数据流显示	
	收回车轮挡块	车轮挡块已收	
	收回尾气抽排管	尾气抽排管已收	
	收回翼子板布、前盖布	翼子板布、前盖布已收	
	收回三件套	三件套已收	
	关车门，将钥匙放回工具车	整理工作结束	

二、任务实施与考核

排放净化控制阀检修的任务实施与考核如表1-77所示。

表1-77 排放净化控制阀检修的任务实施与考核

<table>
<tr><td rowspan="4">车辆信息</td><td>整车型号</td><td></td><td></td></tr>
<tr><td>车辆识别代码</td><td></td><td></td></tr>
<tr><td>发动机型号</td><td></td><td></td></tr>
<tr><td colspan="2">故障描述</td><td></td></tr>
<tr><td colspan="2">项目</td><td>任务实施记录内容</td><td>备注</td></tr>
<tr><td colspan="2">一、前期准备</td><td></td><td></td></tr>
<tr><td colspan="2">二、安全检查</td><td></td><td></td></tr>
<tr><td colspan="2">三、仪器连接</td><td></td><td></td></tr>
<tr><td colspan="2">四、故障现象确认</td><td></td><td></td></tr>
<tr><td colspan="2">五、故障代码检查</td><td></td><td></td></tr>
<tr><td colspan="2">六、正确读取数据和清除故障码（当定格数据和动态数据中不存在反映故障码特征的相关数据时，应填写"无"）</td><td>1. 定格数据记录（只记录故障发生时的数据帧内容）包括：
（1）基本数据；
（2）定格数据中除基本数据外的反映故障码特征的相关数据。
2. 与故障码特征相关的动态数据记录。
3. 清除故障码。
4. 确认故障码是否再次出现，并填写结果</td><td></td></tr>
<tr><td colspan="2">七、确定故障范围</td><td>根据上述检查进行判断并填写可能的故障范围</td><td></td></tr>
<tr><td colspan="2">八、基本检查</td><td></td><td></td></tr>
<tr><td colspan="2">九、部件测试</td><td>对被怀疑的部件进行部件测试。
需注明元件名称/插接件代码、针脚编号和测量结果</td><td></td></tr>
<tr><td colspan="2">十、电路测量</td><td>对被怀疑的线路进行测量，需注明插件代码和编号，控制单元针脚代号以及测量结果</td><td></td></tr>
<tr><td colspan="2">十一、故障部位确认和排除</td><td>根据上述的所有检测结果，确定故障内容并注明：
1. 确定的故障。
2. 故障点的排除处理说明</td><td></td></tr>
<tr><td colspan="2">十二、维修结果确认（表中项目检查有内容时填写检查结果，如果没有时填写"无"）</td><td>1. 维修后故障代码读取，并填写读取结果。
2. 与原故障码相关的动态数据检查结果。
3. 维修后的功能确认并填写结果</td><td></td></tr>
<tr><td colspan="2">十三、现场恢复</td><td></td><td></td></tr>
</table>

习题与思考

1. 简述热膜式空气流量传感器的组成。
2. 简述热膜式空气流量传感器的工作原理。
3. 简述热膜式空气流量传感器的检测方法。
4. 简述热膜式空气流量传感器安装的注意事项。
5. 简述进气温度传感器的组成。
6. 简述进气温度传感器的工作原理。
7. 简述进气温度传感器的检测方法。
8. 简述节气门位置传感器的组成。
9. 简述节气门位置传感器的工作原理。
10. 简述节气门位置传感器的检测方法。
11. 简述节气门直动式怠速控制系统的组成。
12. 简述节气门直动式怠速控制系统的工作原理。
13. 简述节气门直动式怠速控制系统的检测方法。
14. 简述喷油器的组成。
15. 简述喷油器的工作原理。
16. 简述喷油器的检测方法。
17. 简述冷却液温度传感器的组成。
18. 简述冷却液温度传感器的工作原理。
19. 简述冷却液温度传感器的检测方法。
20. 简述点火模块的组成。
21. 简述点火模块的工作原理。
22. 简述点火模块的检测方法。
23. 简述爆震传感器的组成。
24. 简述爆震传感器的工作原理。
25. 简述爆震传感器的检测方法。
26. 简述曲轴位置传感器的组成。
27. 简述曲轴位置传感器的工作原理。
28. 简述曲轴位置传感器的检测方法。
29. 简述凸轮轴位置传感器的组成。
30. 简述凸轮轴位置传感器的工作原理。
31. 简述凸轮轴位置传感器的检测方法。
32. 简述氧传感器的组成。

33. 简述氧传感器的工作原理。
34. 简述氧传感器的检测方法。
35. 简述凸轮轴机油正时控制阀的组成。
36. 简述凸轮轴机油正时控制阀的工作原理。
37. 简述凸轮轴机油正时控制阀的检测方法。
38. 简述排放净化控制阀的组成。
39. 简述排放净化控制阀的工作原理。
40. 简述排放净化控制阀的检测方法。

项目二 汽车底盘电子装置的结构原理与检修

任务一 换挡电磁控制阀的结构原理与检修

学习目标

1. 能够正确描述换挡电磁控制阀的作用、结构及工作原理。
2. 能够正确使用检测仪器,对换挡电磁控制阀进行检修。
3. 能够注意培养环保、安全意识及团队协合能力。

任务引入

一辆丰田轿车,行驶 45 000 km,打开仪表盘点火开关至启动挡,冷车状态下启动后发动机运转时转速正常,路试车辆行驶时从 1 挡升到 2 挡有冲击,3 挡降到 2 挡时也有冲击。油耗增加,故障灯亮。

此故障现象说明当汽车发动机换挡有冲击且不平顺,对自动变速器车辆应以换挡阀检测为主,因故障灯亮,故先着手查找电控系统故障。此类故障一般与换挡电磁控制阀有关,所以我们先学习换挡电磁控制阀的相关知识。

相关知识

一、自动变速器自动换挡控制系统的作用

自动换挡控制系统能根据发动机的负荷(节气门开度)和汽车的行驶速度,按照设定的换挡规律,自动地接通或切断某些换挡离合器和制动器的供油油路,使离合器结合或分开、制动器制动或释放,以改变齿轮变速箱的传动比,从而实现自动换挡。

自动变速箱之所以能够实现自动换挡,是因为工作中驾驶员踏下油门的位置或发动机进气歧管的真空度和汽车的行驶速度能指挥自动换挡系统工作,自动换挡系统中各控制阀不同的工作状态将控制变速齿轮机构中离合器的分离与结合、制动器的制动与释放,并改变变速齿轮机构的动力传递路线,实现变速箱挡位的变换。

传统的液力自动变速箱根据汽车的行驶速度和节气门开度的变化,自动变速挡位。其

换挡控制方式是通过机械方式将车速和节气门开度信号转换成控制油压,并将该油压加到换挡阀的两端,以控制换挡阀的位置,从而改变换挡执行元件(离合器和制动器)的油路。这样,工作液压油进入相应的执行元件,使离合器结合或分离,制动器制动或松开,控制行星齿轮变速箱的升挡或降挡,从而实现自动变速。

电控液力自动变速箱是在液力自动变速箱基础上增设电子控制系统而形成的。它通过传感器和开关监测汽车和发动机的运行状态,接受驾驶员的指令,并将所获得的信息转换成电信号输入到电控单元。电控单元根据这些信号,通过电磁阀控制液压控制装置的换挡阀,使其打开或关闭通往换挡离合器和制动器的油路,从而控制换挡时刻和挡位的变换,以实现自动变速。

二、换挡电磁控制阀的类型及结构原理

绝大多数换挡电磁阀是采用开关式电磁阀,油压电磁阀是采用占空比式电磁阀,而锁止离合器电磁阀采用开关式和占空比式的都有。

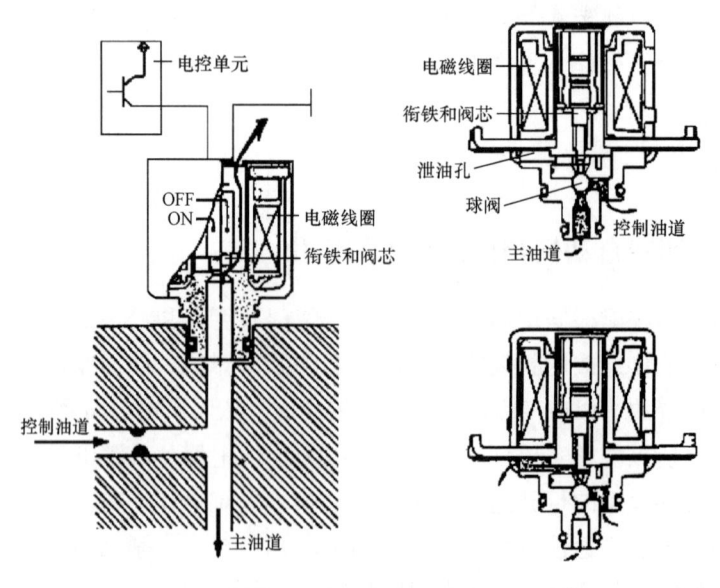

1. 开关式电磁阀

(1) 功用

开关式电磁阀的功用是开启或关闭液压油路,通常用于控制换挡阀和部分车型锁止离合器的工作。

(2) 结构和工作原理

开关式电磁阀由电磁线圈、衔铁、阀芯等组成,如图 2-1 所示。当电磁阀通电时,在电磁吸力作用下衔铁和阀芯下移,关闭泄油口,主油压供给到控制油路。当电磁阀断电时,在复位弹簧的作用下衔铁和阀芯上移,打开泄油口,主油压被泄掉,控制油路压力很小。

图 2-1 开关式电磁阀

2. 占空比式电磁阀

（1）占空比的概念

占空比是指一个脉冲周期中通电时间所占的比例（百分数），如图2-2所示。

（2）结构和工作原理

占空比式电磁阀（又称为线性脉冲式电磁阀）与开关式电磁阀类似，也是由电磁线圈、滑阀、弹簧等组成，如图2-3所示。它通常用于控制油路的油压，有的车型的锁止离合器也采用此种电磁阀控制。与开关式电磁阀不同的是，控制占空比式电磁阀的电信号不是恒定不变的电压信号，而是一个固定频率的脉冲电信号。在脉冲电信号的作用下，电磁阀不断开启、关闭泄油口。

占空比式电磁阀有两种工作方式，一种是占空比越大，经电磁阀泄油越多，油压就越低；另一种是占空比越大，油压越高。

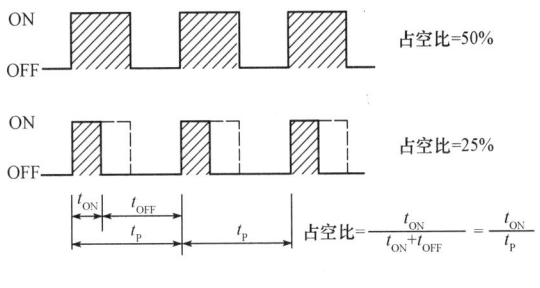

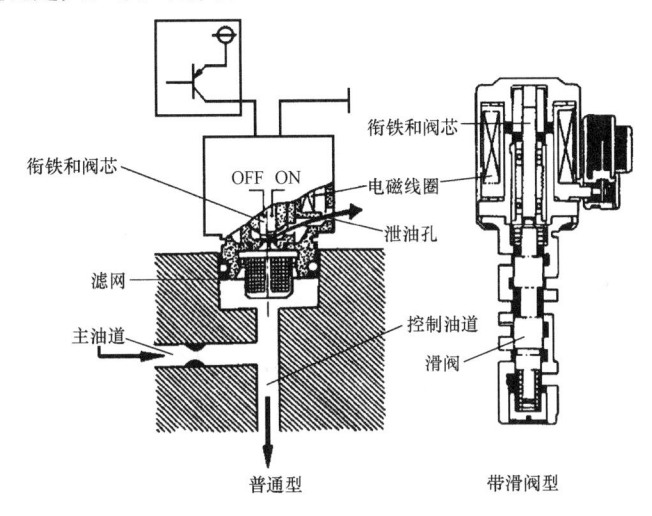

$$占空比=\frac{t_{ON}}{t_{ON}+t_{OFF}}=\frac{t_{ON}}{t_P}$$

图2-2 占空比

图2-3 占空比式电磁阀

任务实施与考核

一、技能学习

1. 查找相关技术资料

（1）换挡电磁阀的检修

自动变速器换挡电磁阀零部件分解如图2-4所示。

1) 换挡电磁阀的拆卸。

①拆下换挡电磁阀S1。如图2-5所示，拆下螺栓并拉出换挡电磁阀S1。

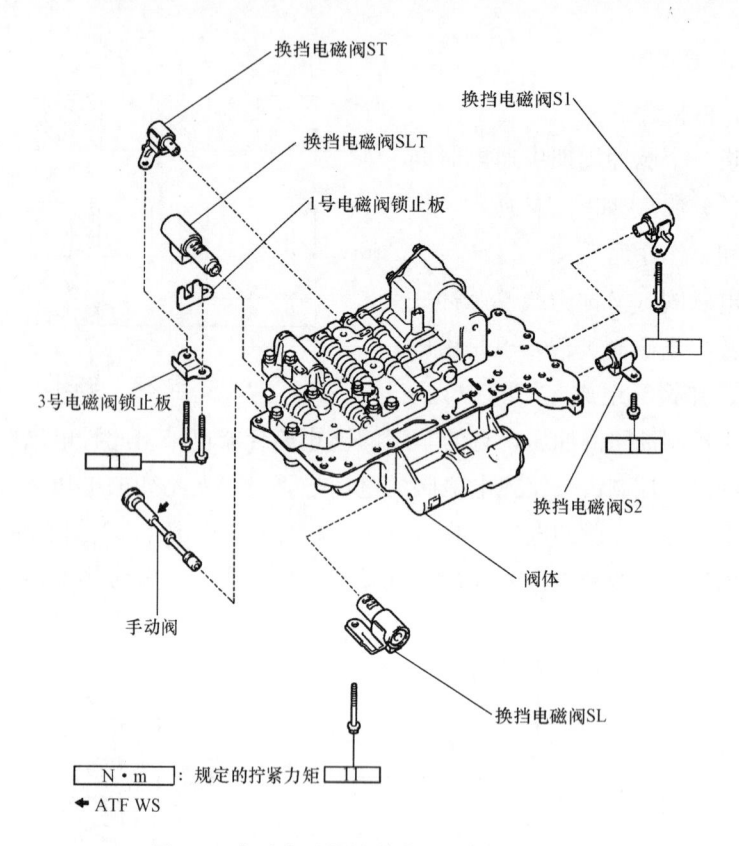

图 2-4 自动变速器换挡电磁阀零部件分解

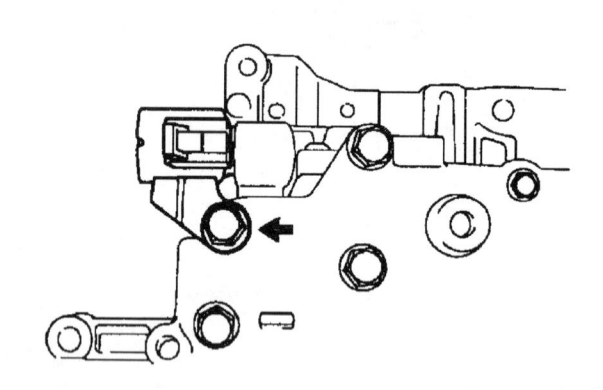

图 2-5 换挡电磁阀的拆卸 1

②拆下换挡电磁阀 S2。如图 2-6 所示，拆下螺栓并拉出换挡电磁阀 S2。

③拆下换挡电磁阀 SL。如图 2-7 所示，拆下螺栓并拉出换挡电磁阀 SL。

④拆下 3 号电磁阀锁止板。如图 2-8 所示，从阀体上拆下两个螺栓和 3 号电磁阀锁止板，从阀体上拉出换挡电磁阀 ST，从换挡电磁阀 SLT 上拆下 1 号电磁阀锁止板，从阀体上拉出换挡电磁阀 SLT。

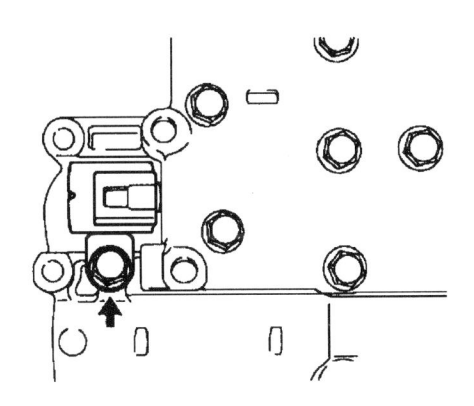

图 2-6 换挡电磁阀的拆卸 2

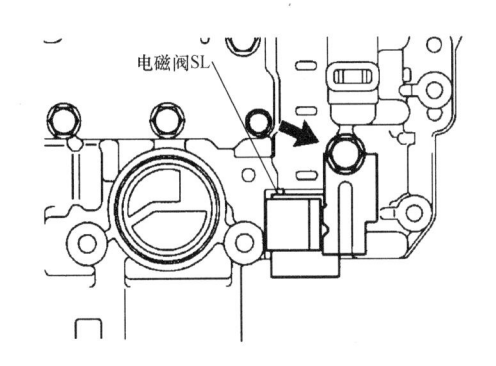

图 2-7 换挡电磁阀的拆卸 3

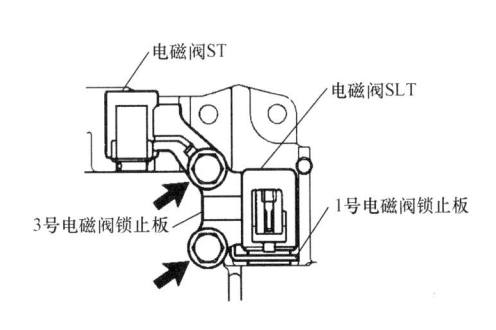

图 2-8 换挡电磁阀的拆卸 4

⑤拆下手动阀。如图 2-9 所示，从阀体上拆下手动阀。

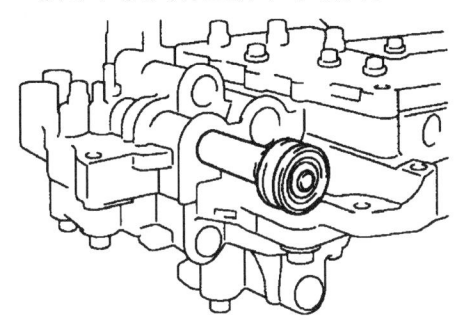

图 2-9 换挡电磁阀的拆卸 5

2) 换挡电磁阀的检查。

①检查换挡电磁阀 S1。

a. 用检测仪测量电磁阀连接器（S1）与电磁阀阀体（S1）之间的电阻，标准电阻为 $11\sim15\Omega$（20℃）。如果测量值不符合规定，更换换挡电磁阀 S1，如图 2-10 所示。

b. 将蓄电池正极（＋）引线连接到电磁阀连接器端子，并将负极（－）引线连接到阀体上，然后检查电磁阀的工作情况。正常：电磁阀发出工作声音。如果不能按规定进行操作，则更换换挡电磁阀 S1。

注意：在检测过程中使用蓄电池时，请勿将检测仪的正极和负极探针离得太近，以免发生短路。

②检查换挡电磁阀 S2。

a. 用检测仪测量电磁阀连接器（S2）与电磁阀阀体（S2）之间的电阻，标准电阻为 11～15 Ω（20℃）。如果测量值不符合规定，更换换挡电磁阀 S2，如图 2-11 所示。

b. 将蓄电池正极（+）引线连接到电磁阀连接器端子，并将负极（-）引线连接到阀体上，然后检查电磁阀的工作情况。正常：电磁阀发出工作声音。如果不能按规定进行操作，则更换换挡电磁阀 S2。

注意：在检测过程中使用蓄电池时，请勿将检测仪的正极和负极探针离得太近，以免发生短路。

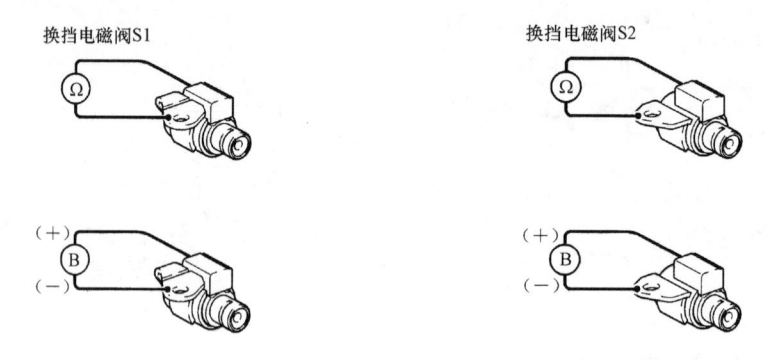

图 2-10　换挡电磁阀的检查 1　　　　图 2-11　换挡电磁阀的检查 2

③检查换挡电磁阀 ST。

a. 用检测仪测量电磁阀连接器（ST）与电磁阀阀体（ST）之间的电阻，标准电阻为 11～15 Ω（20℃）。如果测量值不符合规定，则更换换挡电磁阀 ST，如图 2-12 所示。

b. 将蓄电池正极（+）引线连接到电磁阀连接器端子，并将负极（-）引线连接到阀体上，然后检查电磁阀的工作情况。正常：电磁阀发出工作声音。如果不能按规定进行操作，则更换换挡电磁阀 ST。

注意：在检测过程中使用蓄电池时，请勿将检测仪的正极和负极探针离得太近，以免发生短路。

④检查换挡电磁阀 SLT。

a. 用检测仪测量端子 1 与端子 2 之间的电阻，标准电阻为 5.0～5.6 Ω（20℃）。如果测量值不符合规定，则更换换挡电磁阀 SLT，如图 2-13 所示。

b. 将带 21 W 灯泡的蓄电池正极（+）引线连接到电磁阀连接器的端子 2，并将蓄电池负极（-）引线连接到电磁阀连接器的端子 1 上，然后检查电磁阀的工作情况。正常：电磁阀发出工作声音。如果不能按规定进行操作，则更换换挡电磁阀 SLT。

注意：在检测过程中使用蓄电池时，请勿将检测仪的正极和负极探针离得太近，以免发生短路。

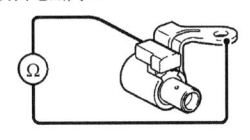

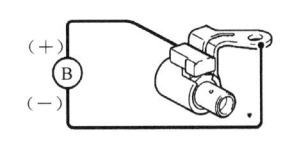

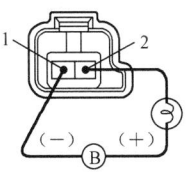

图 2-12 换挡电磁阀的检查 3　　图 2-13 换挡电磁阀的检查 4

⑤检查换挡电磁阀 SL。

a. 用检测仪测量电磁阀连接器（SL）与电磁阀阀体（SL）之间的电阻，标准电阻为 11～15 Ω（20℃）。如果测量值不符合规定，则更换换挡电磁阀 SL，如图 2-14 所示。

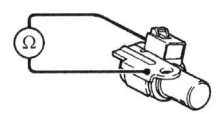

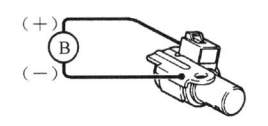

图 2-14 换挡电磁阀的检查 5

b. 将正极（＋）引线连接至电磁阀连接器端子，并将负极（－）引线连接至电磁阀阀体，然后检查电磁阀的工作情况。正常：电磁阀发出工作声音。如果不能按规定进行操作，则更换换挡电磁阀 SL。

注意：在检测过程中使用蓄电池时，请勿将检测仪的正极和负极探针离得太近，以免发生短路。

3）换挡电磁阀的装配。

①安装手动阀。在手动阀上涂抹 ATF，并将其安装至阀体。

②安装 3 号电磁阀锁止板。将换挡电磁阀 SLT 安装至阀体。将 1 号电磁阀锁止板安装至换挡电磁阀 SLT。将换挡电磁阀 ST 安装至阀体。用两个螺栓将 3 号电磁阀锁止板安装至阀体，拧紧力矩为 11 N·m。

③安装换挡电磁阀 SL。用螺栓将换挡电磁阀 SL 安装至阀体，拧紧力矩为 11 N·m。

④安装换挡电磁阀 S2。用螺栓将换挡电磁阀 S2 安装至阀体，拧紧力矩为 11 N·m。

⑤安装换挡电磁阀 S1。用螺栓将换挡电磁阀 S1 安装至阀体，拧紧力矩为 11 N·m。

2. 操作步骤

换挡电磁控制阀的检修步骤如表 2-1 所示。

表 2-1　换挡电磁控制阀的检修步骤

故障名称	检查内容	检查记录	提示语
换挡电磁控制阀故障	安装车轮挡块	安装完毕	
	安装尾气抽排管	尾气抽排管安装完毕	
	安装驾驶室三件套	三件套安装完毕	
	铺上翼子板布、前盖布	防护垫安装完毕	
	拆下发动机隔音板	拆卸完毕	
	拆下发动机水箱盖板	拆卸完毕	
	查看发动机冷却液	液面正常	
	查看发动机机油	液面正常	
	安装 IT－Ⅱ诊断仪	故障码显示 P0744	点火开关 ON
	清除故障码	故障码显示 P0744	
	读取数据流	数据流显示	
	检查换挡电磁控制阀的安装	换挡电磁控制阀端子连接牢固可靠	
	拆下换挡电磁控制阀插头，测量端子 1－2 电阻	显示电阻值∞，异常，执行器故障	插拔接头前点火开关 OFF，然后点火开关 ON
	安装新换挡电磁控制阀	换挡电磁控制阀安装完毕	
	安装 IT－Ⅱ诊断仪	故障码显示 P0744	点火开关 ON
	清除故障码	显示无故障码	
	读取数据流	数据流显示	
	收回车轮挡块	车轮挡块已收	
	收回尾气抽排管	尾气抽排管已收	
	收回翼子板布、前盖布	翼子板布、前盖布已收	
	收回三件套	三件套已收	
	关车门，将钥匙放回工具车	整理工作结束	

续表

故障名称	检查内容	检查记录	提示语
换挡电磁控制阀线束故障	安装车轮挡块	安装完毕	
	安装尾气抽排管	尾气抽排管安装完毕	
	安装驾驶室三件套	三件套安装完毕	
	铺上翼子板布、前盖布	防护垫安装完毕	
	拆下发动机隔音板	拆卸完毕	
	拆下发动机水箱盖板	拆卸完毕	
	查看发动机冷却液	液面正常	
	查看发动机机油	液面正常	
	安装IT－Ⅱ诊断仪	故障码显示P0744	点火开关ON
	清除故障码	故障码显示P0744	
	读取数据流	数据流显示	
	检查换挡电磁控制阀的安装	换挡电磁控制阀端子连接牢固可靠	
	拆下换挡电磁控制阀插头，测量端子1－2电阻	显示电阻值5.6Ω，正常。正常值（5.0~5.6Ω）	插拔接头前点火开关OFF，然后点火开关ON
	检查换挡电磁控制阀弹簧	弹簧断裂，说明弹簧卡滞故障	先拆蓄电池负极
	安装新弹簧	新弹簧安装完毕	接好蓄电池负极
	安装IT－Ⅱ诊断仪	故障码显示P0744	点火开关ON
	清除故障码	显示无故障码	
	读取数据流	数据流显示	
	收回车轮挡块	车轮挡块已收	
	收回尾气抽排管	尾气抽排管已收	
	收回翼子板布、前盖布	翼子板布、前盖布已收	
	收回三件套	三件套已收	
	关车门，将钥匙放回工具车	整理工作结束	

续表

故障名称	检查内容	检查记录	提示语
换挡电磁控制阀复合故障	安装车轮挡块	安装完毕	
	安装尾气抽排管	尾气抽排管安装完毕	
	安装驾驶室三件套	三件套安装完毕	
	铺上翼子板布、前盖布	防护垫安装完毕	
	拆下发动机隔音板	拆卸完毕	
	拆下发动机水箱盖板	拆卸完毕	
	查看发动机冷却液	液面正常	
	查看发动机机油	液面正常	
	安装IT－Ⅱ诊断仪	故障码显示P0744	点火开关ON
	清除故障码	故障码显示P0744	
	读取数据流	数据流显示	
	检查换挡电磁控制阀的安装	换挡电磁控制阀端子连接牢固可靠	
	拆下换挡电磁控制阀插头，测量端子1-2电阻	显示电阻值∞，异常，执行器故障	插拔接头前点火开关OFF，然后点火开关ON
	安装新换挡电磁控制阀	换挡电磁控制阀安装完毕	
	检查换挡电磁控制阀弹簧	弹簧断裂，说明弹簧卡滞故障	先拆蓄电池负极
	安装新弹簧	新弹簧安装完毕	接好蓄电池负极
	检查换挡电磁控制阀弹簧	弹簧断裂，说明弹簧卡滞故障	先拆蓄电池负极
	安装IT－Ⅱ诊断仪	故障码显示P0443	点火开关ON
	清除故障码	显示无故障码	
	读取数据流	数据流显示	
	收回车轮挡块	车轮挡块已收	
	收回尾气抽排管	尾气抽排管已收	
	收回翼子板布、前盖布	翼子板布、前盖布已收	
	收回三件套	三件套已收	
	关车门，将钥匙放回工具车	整理工作结束	

二、任务实施与考核

换挡电磁控制阀检修的任务实施与考核如表 2-2 所示。

表 2-2　换挡电磁控制阀检修的任务实施与考核

车辆信息	整车型号		
	车辆识别代码		
	发动机型号		
故障描述			
项目	任务实施记录内容		备注
一、前期准备			
二、安全检查			
三、仪器连接			
四、故障现象确认			
五、故障代码检查			
六、正确读取数据和清除故障码（当定格数据和动态数据中不存在反映故障码特征的相关数据时，应填写"无"）	1. 定格数据记录（只记录故障发生时的数据帧内容）包括： （1）基本数据； （2）定格数据中除基本数据外的反映故障码特征的相关数据。 2. 与故障码特征相关的动态数据记录。 3. 清除故障码。 4. 确认故障码是否再次出现，并填写结果		
七、确定故障范围	根据上述检查进行判断并填写可能的故障范围		
八、基本检查			
九、部件测试	对被怀疑的部件进行部件测试。 需注明元件名称/插接件代码、针脚编号和测量结果		
十、电路测量	对被怀疑的线路进行测量，需注明插件代码和编号，控制单元针脚代号以及测量结果		
十一、故障部位确认和排除	根据上述的所有检测结果，确定故障内容并注明： 1. 确定的故障。 2. 故障点的排除处理说明		
十二、维修结果确认（表中项目检查有内容时填写检查结果，如果没有时填写"无"）	1. 维修后故障代码读取，并填写读取结果。 2. 与原故障码相关的动态数据检查结果。 3. 维修后的功能确认并填写结果		
十三、现场恢复			

任务二　转向角度传感器的结构原理与检修

> **学习目标**

1. 能够正确描述转向角度传感器的作用、结构及工作原理。
2. 能够正确使用检测仪器，对转向角度传感器进行检修。
3. 能够注意培养环保、安全意识及团队协合能力。

> **任务引入**

一辆一汽大众宝来，行驶 33 000 km，打开仪表盘点火开关至启动挡，冷车状态下启动后发动机运转时转速正常，路试车辆行驶时出现转向沉重现象，油耗增加，故障灯亮。

此故障现象说明汽车转向系统出现了问题，可能是频繁转向造成的转向泵压力问题。因故障灯亮，故先着手查找电控系统故障。此类故障一般与转向角度传感器有关，所以我们先学习转向角度传感器的相关知识。

> **相关知识**

一、电控机械式助力转向系统的作用

与传统的液压转向器相比，电控机械式助力转向系统具有许多优点：它可以协助驾驶员行车，并减轻身体和心理负担；同时，它仅在需要时才进行工作，也就是说，只有当驾驶员需要转向助力时，它便会自动提供帮助；此外，转向助力与车速、转向力矩和转向角等有关。电控机械式助力转向系统装备应运在一汽大众宝来、高尔夫、速腾及上海大众途安等车型中。

二、电控机械式助力转向系统的结构

带双小齿轮的电动机械转向助力系统如图 2-15 所示。转向系统的部件主要包括：转向盘、带转向角度传感器 G85 的组合开关、转向柱 G527、转向力矩传感器 G269、电动机械转向助力器电机 V187、转向器、转向辅助控制单元 J500 等。转向器由一只转向力矩传感器 G269、一根扭转棒、一只转向齿轮和一只驱动小齿轮、一只蜗轮传动装置，以及一只带控制单元的电动机组成。电动机械转向助力的核心部件是一根齿条，有两只花键啮合在转向器中。

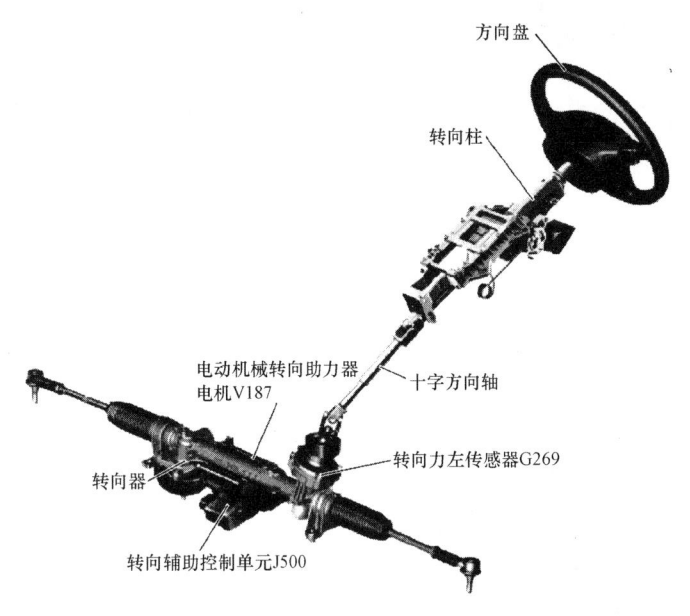

图 2-15 电动机械转向助力系统

如图 2-16 所示,在带双小齿轮的电动机械转向助力器上,需要的转向力是通过转向小齿轮和驱动小齿轮传送到齿条上。转向小齿轮负责传送驾驶员施加的转向力矩,驱动小齿轮则通过一只蜗轮传动装置,传送由电动机械转向助力器电动机提供的助力力矩。该电动机具有用于转向助力的控制单元和传感装置,并安装在第二只小齿轮上。这种结构可以使转向盘和齿条之间形成机械连接,所以,当伺服电机失灵时,可以确保车辆仍能够进行机械转向,但此时不具备转向助力的功能,转向时会感到很沉重。

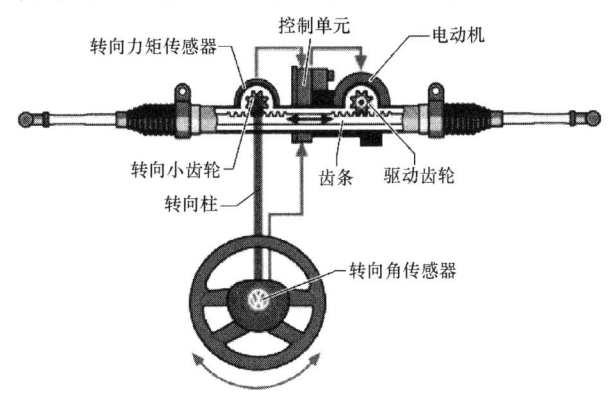

图 2-16 电动机械转向助力系统各零件的布置

三、转向角度传感器的结构及原理

转向盘转向角度传感器 G85 安装在复位环的后面,与安全气囊的滑环安装在一起。它位于组合开关和转向盘之间的转向柱上。转向角度传感器 G85 通过 CAN Bus 数据总线,向转向柱电子装置控制单元 J527 提供信号,以便测算转向角。在转向柱电子装置控制单元中，设有电子系统，用于分析转向角度传感器G85输送的信号。

当转向角度传感器G85失灵时，紧急运行程序立即被启动。缺损的信号被设置成一个替代值。此时，转向系统完全保持转向助力，但设置在组合仪表中的带有转向盘符号的警告灯K161会以黄色点亮显示。

转向角度传感器G85的结构和工作原理如图2-17所示。转向角度传感器G85的基本组成元件包括：带有两只密码环的密码盘、各有一只光源和一只光学传感器的光栅对。

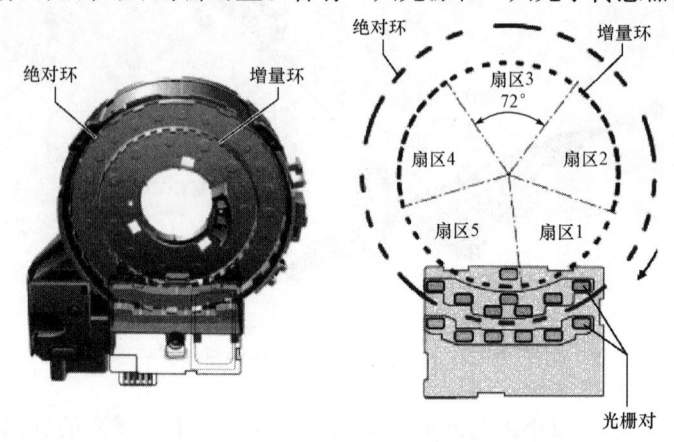

图2-17 转角传感器G85的结构和工作原理

密码盘由两只环组成，外面的一只称为绝对环，里面的一只称为增量环。增量环被分为5个扇区，每个扇区为72°，它由一对光栅对读取。该环在扇区内设有开口。同一扇区内的开口顺序是相同的，但不同的扇区之间的开口顺序则不同，从而实现了各扇区之间的设码。绝对环用来确定角度，它由6只光栅对读取。转向角度传感器G85可以识别出1 044°的转向角，它对角度进行累加。由此，当超出360°的标记时，能够识别出转向盘完全转动了一圈。转向器的这种设计结构，可以使转向盘转动2.76圈。

角度测量是根据光栅原理进行的。出于简化考虑仅观察增量环，每个扇区环的一侧是光源，而另一侧则是光学传感器，如图2-18（a）所示。当光线穿过缝隙照射到传感器上时，便会产生信号电压。当光源被遮盖时，则电压又重新被切断，如图2-18（b）所示。如果现在移动增量环，则会产生信号电压的脉冲波形，如图2-18（c）所示。在绝对环上，光栅对子也同样产生信号电压的脉冲波形。所有信号电压的脉冲波形都会在转向柱电子装置控制单元中处理。对信号进行比较后，系统可以计算出这两只环移动的距离。此时，将确定绝对环的移动起始点。

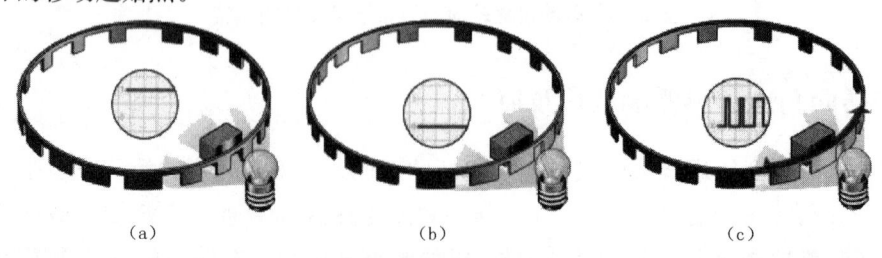

图2-18 角度测量原理

四、转向力矩传感器的结构及原理

转向力矩传感器如图 2-19 所示。利用转向力矩传感器 G269，可以直接在转向小齿轮上计算转向盘扭矩。该传感器以磁阻的功能原理工作。它被设计成双保险（备用），以保证获得最高的安全性。

图 2-19　转向力矩传感器 G269 的结构

转向力矩传感器的工作原理如图 2-20 所示。在扭矩传感器上，转向柱和转向器通过一根扭转棒相互连接。在连接转向柱的连接件外径上，装有一只磁性极性轮，在其上面被交替划分出 24 个不同的极性区。每次分析扭矩时，使用两根磁极。辅助配合件的是一只磁阻传感元件，它被固定在连接转向器的连接件上。当操作转向盘时，两只连接件会根据施加的扭矩做相对转动。由于此时磁性极性轮也相对于传感器元件旋转，因此可以测量施加的转向力矩，并将其信号发送给控制单元。

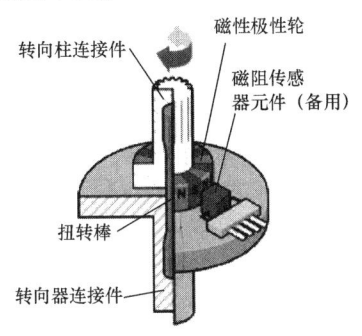

图 2-20　转向力矩传感器的工作原理

当转向力矩传感器 G269 发生故障时，必须更换转向器总成。当控制单元识别到故障时，将关闭转向助力。关闭的过程不是突然进行的，而是"缓慢"地进行。为了实现"缓慢"关闭，控制单元将根据转向角和电动机的转子角度，计算出转向力矩的替代信号。故障将通过设置在组合仪表中带有转向盘符号的警告灯 K161 以红色点亮显示。

五、电动机械转向系统电路

电动机械转向系统电路如图 2-21 所示。

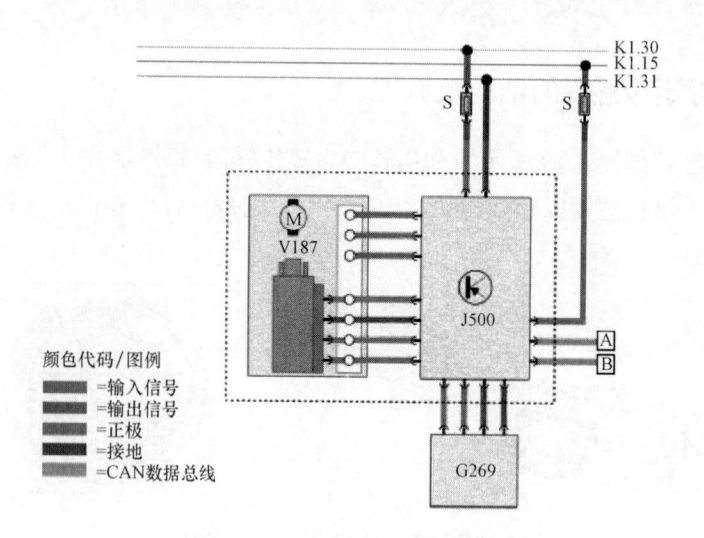

图 2-21　电动机械转向系统电路

A—低速 CAN；B—高速 CAN；G269—转向力矩传感器；
J500—转向辅助控制单元；S—熔断丝；V187—电动机械转向助力器电机

任务实施与考核

一、技能学习

1. 查找相关技术资料

（1）电动机械式转向助力系统自诊断

大众电动机械式转向助力系统具有自诊断的功能。系统地址码为44，可选择的功能码包括：02—查询故障存储器、03—对执行元件进行诊断、04—基本设定、05—清除故障存储器、06—退出诊断程序、07—控制单元编码、08—读取测量数据流、10—匹配、11—登录。

转向辅助控制单元 J500 可以记住转向极限位置。

1）为了避免剧烈打到转向极限位置，生产厂家用软件对转向角进行了限制。当转向角到达机械极限位置之前5°时，会激活"软件极限位置"和减震器。此时，将根据转向角和转向力矩降低助力扭矩。

2）必须在"基础设定"功能中，使用 VAS505X 删除极限位置的角度位置。

3）当记住极限位置时，无须使用测试仪。为此，需要使用最新的维修手册和"引导型故障查询"中的详细信息。

电动机械式转向助力系统故障代码如表2-3。

表 2-3　电动机械式转向助力系统故障代码

故障代码	故障代码内容提示
00778	转向角度传感器 G85 未设定/匹配或执行不正确
01288	端子 30，转向助力信号太大
01314	发动机控制单元 J220 无信息
01317	仪表板中控制单元 J285，检查 DTC 存储器
01656	(Crash Signal) 碰撞信号（Polo 仪表板黄色警告灯亮/方向锁死）
02546	转向限制挡块未进行基础设定/匹配或执行不正确
02614	转向器有故障
65535	电子机械转向助力系统控制单元 J500 不良

（2）电动机械式转向助力系统设定程序

电动机械式转向助力电控系统的设定程序如下：

1）零位置的设定程序。如果更换了转向角度传感器 G85、转向器总成含转向辅助控制单元 J500、转向柱开关总成含控制单元 J527，做过一次车轮定位的调整，或者出现故障代码"00778"，需要做转向零位置（中间）设定。

零位置的设定方法：使前轮保持直线行驶状态，通过 VAS505X 输入地址码为"44"，将转向盘朝左转动 4°～5°（一般在 10°以内），然后回正；再将转向盘朝右转动 4°～5°（一般在 10°以内），然后回正，双手离开转向盘。通过 VAS5051 输入功能码为"11"，再输入编码为"31857"，此后按下返回键"◀"，并输入"04－60"后，按下"激活"键，退出 VAS505X。关闭点火开关，6 s 后即可。

注意：在做转向零位设定时，发动机不能运转；在转向盘左右转动后，再回正时，双手必须离开转向盘，使转向盘静止不动，以便让控制单元 J500 对零位进行确认。

2）极限位置的设定程序。如果更换了转向角度传感器 G85、转向器总成含转向辅助控制单元 J500、转向柱开关总成含控制单元 J527，做过一次车轮定位的调整，做过转向零（中间）位置设定后，或者出现故障代码为"02546"，需要做转向极限位置的设定。

极限位置的设定方法：使辆前轮处于直线行驶状态，起动发动机，并在急速下运转。先将转向盘朝左转动 10°左右，停顿 1～2 s，将转向盘回正；再朝右转动 10°左右，停顿 1～2 s，将转向盘回正，双手离开转向盘，停顿 1～2 s，然后将转向盘朝左打到底，停顿 1～2 s，再将其朝右打到底，停顿 1～2 s，将转向盘再回正，关闭点火开关，6 s 后生效。

注意：在做完转向零位（中间）位置设定和转向极限位置的设定后，必须用 VAS505X 进入 44－02 查询转向电控系统故障存储器无故障时，设定工作才能结束。

3）转向助力大小的设定程序。转向助力大小的设定方法：使用 VAS505X 进入 44－10－01，在 VAS505X 屏幕内的条形块上，选择某个合适的助力数值（1～16 挡，出厂时，一般在 3～4 或 7～8，通常选择第 5 挡），再按下"保存"键，然后再按下"接受"键。此时，屏幕上就会显示出新设定的助力大小的名称，然后再按下"◀"键，退出设定即可。

注意：当环境温度高于100℃时，驱动马达V187所产生的助力将下降，当转向助力值≤60%时，设置在组合仪表中的警告灯K161黄色灯点亮，并在故障存储器中将储存故障代码。此外，转向角度传感器G85的极限位置为±40°，当接近极限位置还有5°时，它会降低转向助力的扭矩。

（3）电动机械式转向助力系统常见故障警告灯

电控机械式转向助力系统故障警告灯的指示方式如表2-4所示。

表2-4 故障警告灯的指示方式

故障元件	结合仪表的故障警告灯		说 明
	显示结色点亮	显示黄色点亮	
转向角度传感器G85不良		🔵	当G85不良时，紧急运行程序启动，缺损的信号被设置一个替代值
转向力矩传感器G269不良	🔵		当G269发生故障时，必须更换转向器。同时ECU储存02614故障代码
转向助力器马达V187的转子转速	🔵		当传感器不良时，会将转向角度速度用作替代信号。转向助将安全缓慢降低
由ABS提供的车速信号不良		🔵	当车速信号不良时，紧急运行程序被启动。但没有电控转向助车系统功能
转向助力器马达V187不良	🔵		即便当马达故障引起转向助车失灵，甚至当短路时，马达也不会锁止方向盘
转向辅助控制单元J500内部温度过高		🔵	当ECU内部温度上升到100℃以上时，将持续降低转向助力，当转向助力低于60%以下时，亮起黄灯，并储存故障代码
转向辅助控制单元J500不良	🔵		当J500不良时，应整套更换转向器总成
当蓄电池A的电压低于9V时	🔵		会降低转向助力直至关闭，并储存故障代码，需要做0位或极限位置设定
当蓄电池A的电压暂时低于9V或临时更换蓄电池后		🔵	储存故障代码，根据具体情况，需要做0位或极限位置设定

2. 操作步骤

转向角度传感器的检修步骤如表 2-5 所示。

表 2-5 转向角度传感器的检修步骤

故障名称	检查内容	检查记录	提示语
转向角度传感器故障	安装车轮挡块	安装完毕	
	安装尾气抽排管	尾气抽排管安装完毕	
	安装驾驶室三件套	三件套安装完毕	
	铺上翼子板布、前盖布	防护垫安装完毕	
	拆下发动机隔音板	拆卸完毕	
	拆下发动机水箱盖板	拆卸完毕	
	查看发动机冷却液	液面正常	
	查看发动机机油	液面正常	
	安装 VAG 诊断仪	故障码显示 00778	点火开关 ON
	清除故障码	故障码显示 00788	
	读取数据流	数据流显示	
	检查转向角度传感器的安装	转向角度传感器端子连接牢固可靠	
	更换转向角度传感器		插拔接头前点火开关 OFF,然后点火开关 ON
	VAG 诊断仪进行零设定	零设定完毕	
	清除故障码	显示无故障码	
	读取数据流	数据流显示	
	收回车轮挡块	车轮挡块已收	
	收回尾气抽排管	尾气抽排管已收	
	收回翼子板布、前盖布	翼子板布、前盖布已收	
	收回三件套	三件套已收	
	关车门,将钥匙放回工具车	整理工作结束	

二、任务实施与考核

转向角度传感器检修的任务实施与考核如表 2-6 所示。

表 2-6　转向角度传感器检修的任务实施与考核

车辆信息	整车型号		
	车辆识别代码		
	发动机型号		
故障描述			
项目	任务实施记录内容		备注
一、前期准备			
二、安全检查			
三、仪器连接			
四、故障现象确认			
五、故障代码检查			
六、正确读取数据和清除故障码（当定格数据和动态数据中不存在反映故障特征的相关数据时，应填写"无"）	1. 定格数据记录（只记录故障发生时的数据帧内容）包括： （1）基本数据； （2）定格数据中除基本数据外的反映故障码特征的相关数据。 2. 与故障码特征相关的动态数据记录。 3. 清除故障码。 4. 确认故障码是否再次出现，并填写结果		
七、确定故障范围	根据上述检查进行判断并填写可能的故障范围		
八、基本检查			
九、部件测试	对被怀疑的部件进行部件测试。 需注明元件名称/插接件代码、针脚编号和测量结果		
十、电路测量	对被怀疑的线路进行测量，需注明插件代码和编号，控制单元针脚代号以及测量结果		
十一、故障部位确认和排除	根据上述的所有检测结果，确定故障内容并注明： 1. 确定的故障。 2. 故障点的排除处理说明		
十二、维修结果确认（表中项目检查有内容时填写检查结果，如果没有时填写"无"）	1. 维修后故障代码读取，并填写读取结果。 2. 与原故障码相关的动态数据检查结果。 3. 维修后的功能确认并填写结果		
十三、现场恢复			

任务三　车轮速度传感器的结构原理与检修

学习目标

1. 正确描述车轮速度传感器的作用、结构及工作原理。
2. 正确使用检测仪器，对车轮速度传感器进行检修。
3. 注意培养环保、安全意识及团队协合能力。

任务引入

一辆奥迪轿车，正常行驶时汽车高度控制功能作用，但汽车高度变化不均匀，故障灯亮。

此故障现象说明汽车悬挂系统高度控制出现了问题，一般可能是由泵体或阀体工作不良造成的。因故障灯亮，故先着手查找电控系统故障。此类故障一般与车轮速度传感器有关，所以我们先学习车轮速度传感器的相关知识。

相关知识

一、车轮速度传感器的作用

车轮速度传感器简称轮速传感器，其功用是检测车轮转速，并转换为电信号输入ABSECU，用以计算车轮的圆周速度。

二、车轮速度传感器的类型及结构原理

轮速传感器有磁感应式和差动霍尔（效应）式两种，目前普遍采用磁感应式。磁感应式轮速传感器由传感元件和信号转子组成。传感元件为静止部件，由永久磁铁、信号线圈（感应线圈）和线束插头等组成，安装在车轮附近的静止部件（如转向节、半轴套管、悬架构件等）上，不随车轮转动。信号转子由铁磁材料制成带齿的圆环，又称为齿圈转子，安装在与车轮一同转动的部件（如轮毂、半轴等）上。MK20-Ⅰ型ABS在4只轮速传感器在信号转子的圆周上均制作有43个凸齿，前轮速度传感器的传感元件安装在转向节上，信号转子安装在传动轴上，随前轮传动轴转动而转动，如图2-22（a）所示。后轮速度传感器的传感元件安装在固定支架上，信号转子安装在与车轮一同转动的后轮毂上，如图2-22（b）所示。

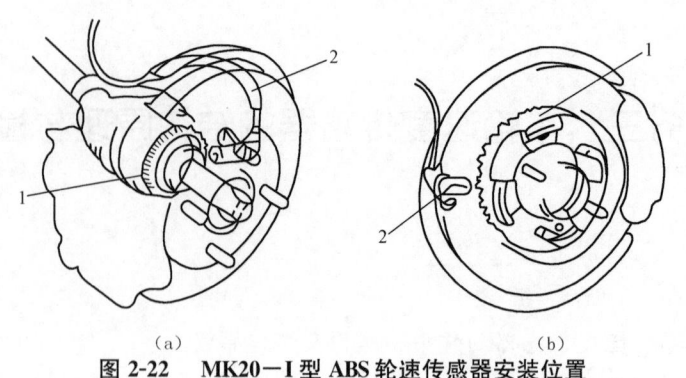

图 2-22　MK20-Ⅰ型 ABS 轮速传感器安装位置
(a) 前轮轮速传感器；(b) 后轮轮速传感器
1—齿圈转子；2—传感元件

　　传感元件与信号转子之间留有一定的间隙，一般为 0.4～2.0 mm。如 MK20-Ⅰ型 ABS 前轮传感器间隙为 1.10～1.97 mm，后轮传感器间隙为 0.42～0.80 mm；红旗 CA7220E 型轿车 ABS 前轮传感器间隙为 0.4～0.6 mm，后轮传感器间隙为 0.15～0.85 mm。有些后轮驱动汽车，在主减速器或变速器中安装一个传感器。齿环安装在主减速器输入轴上（有的直接将主减速器齿轮用作信号转子）或变速器输出轴上，传感器安装在主减速器或变速器壳体上。该传感器检测的是两个后轮的平均速度，只适用于两后轮一同控制的 ABS。传感器安装必须牢靠，否则就会影响传感器正常输出信号，或使汽车行驶时受到损伤。为了避免灰尘和飞溅的水、泥等影响传感器工作，安装前应在传感器上涂敷防锈液。磁感应式轮速传感器的工作原理与其他磁感应式传感器相同，故不赘述。

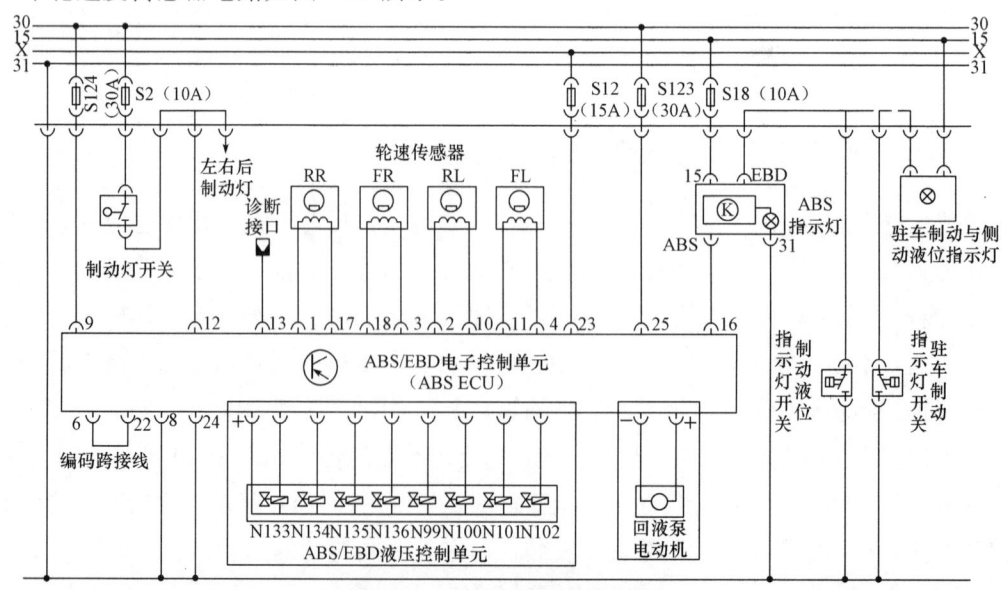

三、车轮速度传感器电路

车轮速度传感器电路如图 2-23 所示。

图 2-23　车轮速度传感器电路

任务实施与考核

一、技能学习

1. 查找相关技术资料

(1) 前轮车轮速度传感器的拆卸步骤

1) 拆开蓄电池负极接线,拆开发动机舱内的速度传感器线束。

2) 拆下固定传感器线束支架的螺栓。注意线束定位夹安放及定位。

3) 拆下前轮毂的传感器定位螺栓。将前轮速度传感器直接提出壳体从而将其拆下,不要损坏传感器触点。根据需要进行清理更换。

(2) 前轮车轮速度传感器的安装步骤

1) 将传感器放入支座并安装固定螺栓,以 14 N·m 力矩拧紧。

2) 拆下制动钳及制动盘。使用非铁性塞尺检查传感器顶部与弹性轮之间的间隙。在轮毂上的几个位置检查此间隙。间隙值应为 1.0~1.5 mm。

3) 如果间隙太小,可使用防抱死制动系统传感器垫片抬高传感器,拆下传感器,安装垫片并重新检查。如果间隙太大,检查弹性轮、轮毂及传感器有否损坏。

4) 一旦间隙正确,便可使用正确的力矩固定螺栓。

5) 在传感器端头,安装每个线束固定夹及定位器。连接传感器于发动机舱内的防抱死制动系统接线束。

(3) 后轮车轮速度传感器的拆卸步骤

1) 拆下后座。拆开防抱死制动系统接线接线器。

2) 从纵向后控制臂拆下后传感器线束固定支架。拆下其他定位器并注意接线布置。

3) 拆下固定传感器固定螺栓。将后轮传感器提出壳体,从而将其拆下。不要损坏传感器触点。根据需要清洁、更换器件。

(4) 后轮车轮速度传感器的安装步骤

1) 将传感器放入支座并安装固定螺栓,以 14 N·m 力矩拧紧。

2) 拆下制动钳及制动盘,使用非铁性塞尺检查传感器顶部与弹性轮之间的间隙。在轮毂上的几处检查此间隙。间隙值应为 0.8~1.3 mm。

3) 如果间隙太小,可使用防抱死制动系统传感器垫片抬高传感器。拆下传感器,安装垫片并重新检查间隙。如果间隙太大,检查弹性轮、轮毂及传感器是否损坏。

4) 一旦间隙正确,以正确力矩复位固定螺栓。

5) 在传感器端头,在传感器端头安装每一个线束夹及定位器。在发动机舱连接传感器的防抱死制动系统线束。

2. 操作步骤

轮速传感器的检修步骤如表2-7所示。

表2-7 轮速传感器的检修步骤

故障名称	检查内容	检查记录	提示语
轮速传感器故障	安装车轮挡块	安装完毕	
	安装尾气抽排管	尾气抽排管安装完毕	
	安装驾驶室三件套	三件套安装完毕	
	铺上翼子板布、前盖布	防护垫安装完毕	
	拆下发动机隔音板	拆卸完毕	
	拆下发动机水箱盖板	拆卸完毕	
	查看发动机冷却液	液面正常	
	查看发动机机油	液面正常	
	安装VAG诊断仪	故障码显示00283	点火开关ON
	清除故障码	故障码显示00283	
	读取数据流	数据流显示	
	检查轮速传感器的安装	传感器端子连接牢固可靠	
	拆下插头,检查传感器的1端子和2端子电阻	显示电阻值∞,说明传感器损坏故障正常(0.9～2.2 kΩ)	插拔接头前点火开关OFF
	安装新轮速传感器传感器及插头	新传感器安装完毕	
	安装VAG诊断仪	故障码显示00283	点火开关ON
	清除故障码	故障码无显示	
	读取数据流	数据流显示正常	
	收回车轮挡块	车轮挡块已收	
	收回尾气抽排管	尾气抽排管已收	
	收回翼子板布、前盖布	翼子板布、前盖布已收	
	收回三件套	三件套已回收	
	关车门,将钥匙放回工具车	整理工作结束	

二、任务实施与考核

轮速传感器检修的任务实施与考核如表 2-8 所示。

表 2-8　轮速传感器检修的任务实施与考核

车辆信息	整车型号		
	车辆识别代码		
	发动机型号		
故障描述		.	
项目		任务实施记录内容	备注
一、前期准备			
二、安全检查			
三、仪器连接			
四、故障现象确认			
五、故障代码检查			
六、正确读取数据和清除故障码（当定格数据和动态数据中不存在反映故障码特征的相关数据时，应填写"无"）		1. 定格数据记录（只记录故障发生时的数据帧内容）包括： （1）基本数据； （2）定格数据中除基本数据外的反映故障码特征的相关数据。 2. 与故障码特征相关的动态数据记录。 3. 清除故障码。 4. 确认故障码是否再次出现，并填写结果	
七、确定故障范围		根据上述检查进行判断并填写可能的故障范围	
八、基本检查			
九、部件测试		对被怀疑的部件进行部件测试。 需注明元件名称/插接件代码、针脚编号和测量结果	
十、电路测量		对被怀疑的线路进行测量，需注明插件代码和编号，控制单元针脚代号以及测量结果	
十一、故障部位确认和排除		根据上述的所有检测结果，确定故障内容并注明： 1. 确定的故障。 2. 故障点的排除处理说明	
十二、维修结果确认（表中项目检查有内容时填写检查结果，如果没有时填写"无"）		1. 维修后故障代码读取，并填写读取结果。 2. 与原故障码相关的动态数据检查结果。 3. 维修后的功能确认并填写结果	
十三、现场恢复			

任务四　车身高度传感器的结构原理与检修

学习目标

1. 正确描述车身高度传感器的作用、结构及工作原理。
2. 正确使用检测仪器，对车身高度传感器进行检修。
3. 注意培养环保、安全意识及团队协合能力。

任务引入

一辆奥迪轿车，正常行驶时汽车高度控制功能作用，但汽车高度变化不均匀，故障灯亮。

此故障现象说明汽车悬挂系统高度控制出现了问题，一般可能是由泵体或阀体工作不良造成。因故障灯亮，故先着手查找电控系统故障。此类故障一般与车身高度传感器有关，所以我们先学习车身高度传感器的相关知识。

相关知识

一、车身高度传感器的作用

车身高度传感器的功用是将车身与车桥之间的相对高度变化（悬架变形量的变化）转换为电信号并送给电控单元。有的车型有 3 个车身高度传感器，而有的车型有 4 个，在每个悬架上都装有一个车身高度传感器，通过它监测车身与悬架下臂之间的距离变化，来检测汽车高度和因道路不平而引起的悬架位移量。

二、车身高度传感器的类型及结构原理

车身高度传感器常用的有片簧开关式、霍尔式和光电式传感器，其中前两种是接触式传感器，在使用中存在由于磨损而影响检测精度的缺点；后一种是光电式传感器，即非接触式传感器，不存在上述缺点，因而应用广泛。

光电式车身高度传感器一般安装在车身与车桥之间，如图 2-24 所示，其结构及工作原理如图 2-25 所示。

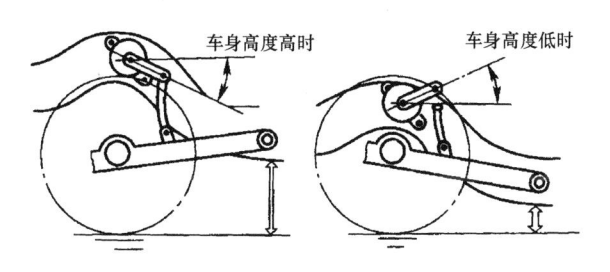

图 2-24 光电式车身高度传感器的安装位置

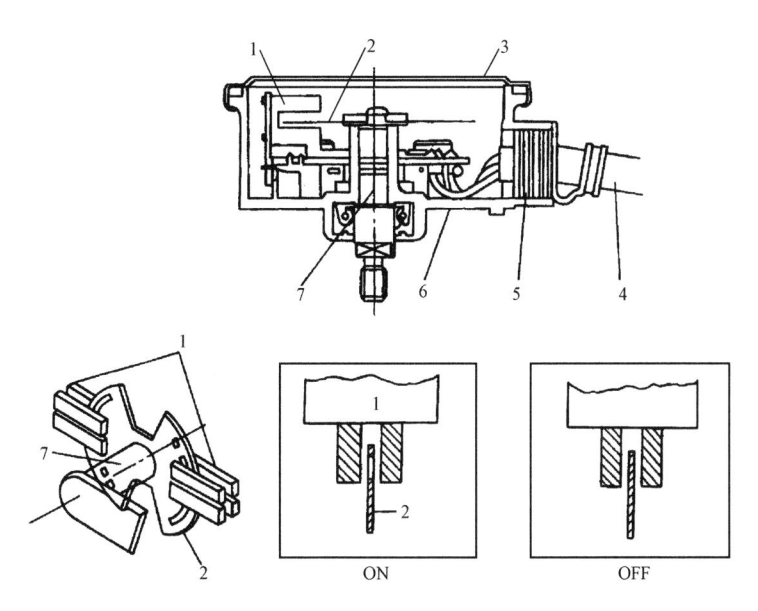

图 2-25 光电式高度传感器的结构、原理

1—遮光器；2—圆盘；3—传感器盖；4—信号线；5—金属油封环；6—传感器壳；7—传感器轴

　　传感器内有一根靠连杆带动转动的转轴，转轴上固定一个开有许多窄槽的圆盘，圆盘两边是由发光二极管和光敏三极管组成的光电耦合器。每个光电耦合器共有四组发光二极管和光敏三极管组成。当车身高度变化时（如汽车载荷发生变化），车身与车轮的相对运动使车身高度传感器的连接杆转动，通过传感器轴带动圆盘转动，使光电耦合器组相对应的发光二极管和光敏三极管上的光线发生 ON/OFF 的转换。光敏三极管把接收到的光线 ON/OFF 转换成电信号，并通过导线输送给悬架电子控制单元（ECU）。ECU 根据光电耦合器 ON/OFF 转换的不同组合变化，检测出不同的车身高度。

三、车身高度传感器电路

车身高度传感器电路如图 2-26 所示。

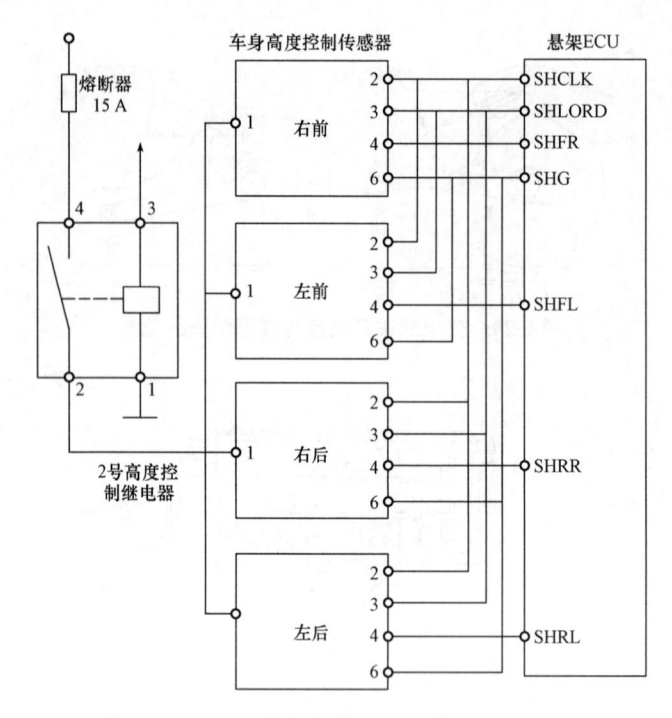

图 2-26 车身高度传感器与 ECU 之间的连接电路

任务实施与考核

一、技能学习

1. 查找相关技术资料

在进行汽车高度调整时，必须将高度控制开关置于 NORM 位置。应在水平面上进行高度调整，务必将汽车的高度调整到标准范围以内。

1) 检查汽车高度。在相应的测量点检查车身高度是否合适，如图 2-27 所示。

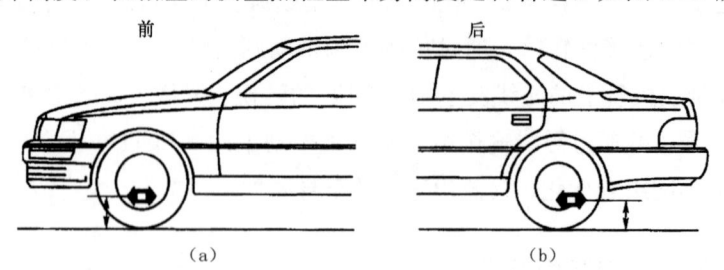

图 2-27 车身高度测量点
(a) 车身前端高度测量；(b) 车身后端高度测量

2) 调整汽车高度。

①旋松车身高度传感器连杆上的两只锁紧螺母。

②转动车身高度传感器连接杆的螺栓以调节长度。车身高度传感器连接杆每转一圈能使汽车高度改变大约 4 mm，如图 2-28 所示。

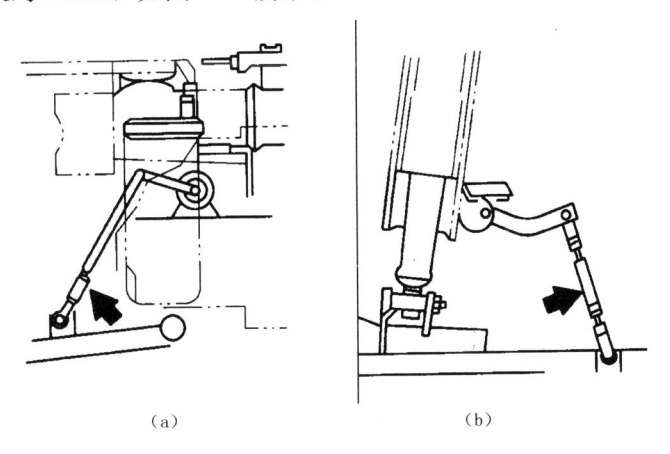

图 2-28 高度传感器连接杆的调整位置

(a) 前连接杆的调整位置；(b) 后连接杆的调整位置

③检查车身高度。传感器连接杆的尺寸是否小于极限值。前、后悬架的极限值均为 13 mm。

④预拧紧两只锁紧螺母。

⑤再检查一次汽车高度。

⑥旋紧锁紧螺母，拧紧力矩为 4.4 N·m。注意：在拧紧锁紧螺母时应确保球节与托架平行。

3) 检查车轮定位。

2. 操作步骤

车身高度传感器的检修步骤如表 2-9 所示。

表 2-9 车身高度传感器的检修步骤

故障名称	检查内容	检查记录	提示语
车身高度传感器故障	安装车轮挡块	安装完毕	
	安装尾气抽排管	尾气抽排管安装完毕	
	安装驾驶室三件套	三件套安装完毕	
	铺上翼子板布、前盖布	防护垫安装完毕	
	拆下发动机隔音板	拆卸完毕	
	拆下发动机水箱盖板	拆卸完毕	
	查看发动机冷却液	液面正常	
	查看发动机机油	液面正常	

续表

故障名称	检查内容	检查记录	提示语
车身高度传感器故障	安装 VAG 诊断仪	故障码显 00774	点火开关 ON
	清除故障码	故障码显示 00774	
	读取数据流	数据流显示	
	检查车身高度传感器的安装	传感器端子连接牢固可靠	
	拆下插头,检查传感器的 1 端子电压	显示电压值 5 V,正常	插拔接头前点火开关 OFF 测量电压时开关 ON
	拆下线束电脑端插头,测量线束 2、3、4、6 号端子与线束电脑端 CLK、LORD、FR、G 端子电阻	显示电阻值 0.5 Ω,正常	先拆蓄电池负极
	安装替换件车身高度传感器	新传感器安装完毕	
	清除故障码	显示无故障码	
	读取数据流	数据流显示正常,说明传感器损坏故障	
	安装新车身高度传感及插头	新传感器安装完毕	
	安装 VAG 诊断仪	故障码显示 00774	点火开关 ON
	清除故障码	故障码无显示	
	读取数据流	数据流显示正常	
	收回车轮挡块	车轮挡块已收	
	收回尾气抽排管	尾气抽排管已	
	收回翼子板布、前盖布	翼子板布、前盖布已收	
	收回三件套	三件套已回收	
	关车门,将钥匙放回工具车	整理工作结束	

二、任务实施与考核

车身高度传感器检修的任务实施与考核如表 2-10 所示。

表 2-10 车身高度传感器检修的任务实施与考核

车辆信息	整车型号		
	车辆识别代码		
	发动机型号		
故障描述			
项目	任务实施记录内容		备注
一、前期准备			
二、安全检查			
三、仪器连接			
四、故障现象确认			
五、故障代码检查			
六、正确读取数据和清除故障码（当定格数据和动态数据中不存在反映故障码特征的相关数据时，应填写"无"）	1. 定格数据记录（只记录故障发生时的数据帧内容）包括： （1）基本数据； （2）定格数据中除基本数据外的反映故障码特征的相关数据。 2. 与故障码特征相关的动态数据记录。 3. 清除故障码。 4. 确认故障码是否再次出现，并填写结果		
七、确定故障范围	根据上述检查进行判断并填写可能的故障范围		
八、基本检查			
九、部件测试	对被怀疑的部件进行部件测试。 需注明元件名称/插接件代码、针脚编号和测量结果		
十、电路测量	对被怀疑的线路进行测量，需注明插件代码和编号，控制单元针脚代号以及测量结果		
十一、故障部位确认和排除	根据上述的所有检测结果，确定故障内容并注明： 1. 确定的故障。 2. 故障点的排除处理说明		
十二、维修结果确认（表中项目检查有内容时填写检查结果，如果没有时填写"无"）	1. 维修后故障代码读取，并填写读取结果。 2. 与原故障码相关的动态数据检查结果。 3. 维修后的功能确认并填写结果		
十三、现场恢复			

习题与思考

1. 简述换挡电磁控制阀的组成。
2. 简述换挡电磁控制阀的工作原理。
3. 简述换挡电磁控制阀的检测方法。
4. 简述转向角度传感器故障的组成。
5. 简述转向角度传感器故障的工作原理。
6. 简述转向角度传感器出故障时车辆的基本设定方法。
7. 简述轮速传感器的组成。
8. 简述轮速传感器的工作原理。
9. 简述车身高度传感器的组成。
10. 简述车身高度传感器的工作原理。
11. 简述车身高度传感器故障时车辆的基本设定方法。

参 考 文 献

[1] 邹长庚,赵琳. 现代汽车电子控制系统构造原理与故障诊断(上):发动机部分[M]. 北京:北京理工大学出版社,2009.

[2] 邹长庚. 现代汽车电子控制系统构造原理与故障诊断(下):车身与底盘部分[M]. 北京:北京理工大学出版社,2009.

[3] 李东江. 上海别克轿车维修手册[M]. 北京:北京理工大学出版社,2000.

[4] 潘旭峰. 现代汽车电子技术[M]. 北京:北京理工大学出版社,1998.

[5] [英]约翰·S·米德. 奥迪100、奥迪200维修手册[M]. 北京:北京理工大学出版社,1992.